Über dieses Buch Märchen und Mythen von Nixen, Wasserfrauen und schönen Melusinen haben zu allen Zeiten Volksglauben und -phantasie beschäftigt. Die mythologischen Ursprünge des seltsam-reizvollen, ewig-jungen Fisch-Schlangen-Weibes reichen weit zurück. In der griechischen Antike erscheint die Nixe als verführerische Sirene oder auch als Göttin, schön wie Aphrodite. In der indischen Mytholgie umtanzt die Nymphe Apsara den Himmelsgott Indra. Aus Frankreich stammen die Märchen von der schönen Melusine, die sich, wie alle Nixen und Wassergeister, vergeblich nach einer menschlichen Seele sehnt. In der Einführung beschreibt die Herausgeberin diese Märchengestalten, von ihren mythologischen Ursprüngen bis hin zu Eduard Mörikes »schöner Lau«.
Das Buch will durch verschiedenartige Texte aus dem europäischen Volksmärchenschatz die Gestalten der Nixen und Wasserfrauen veranschaulichen, ihren mythologischen und kunsthistorischen Hintergrund in Wort und Illustration dokumentieren.

Die Herausgeberin Barbara Stamer, 1945 in Korntal bei Stuttgart geboren, studierte an der Universität Tübingen Germanistik und Anglistik. Nach einem Aufenthalt in England und den USA trat sie in den höheren Schuldienst ein und ist heute Gymnasialrätin. Auf den Kongressen der »Europäischen Märchengesellschaft« hält sie Seminare ab, darüber hinaus beschäftigt sie sich in Vorträgen und Volkshochschulveranstaltungen weiter mit ihrem Spezialgebiet »Märchen«. Im Bereich der pädagogischen Märchenliteratur liegen von ihr verschiedene Publikationen vor. Sie lebt mit ihrer Familie bei Tübingen. –
Bisher ist von ihr im Fischer Taschenbuch Verlag erschienen ›Dornröschen und der Rosenbey‹ (Band 2865).

Märchen von Nixen und Wasserfrauen

Herausgegeben
von Barbara Stamer

Mit Originalscherenschnitten
von Hedwig Goller

Fischer Taschenbuch Verlag

Lektorat: Monika A. Weißenberger

Originalausgabe
Veröffentlicht im Fischer Taschenbuch Verlag GmbH,
Frankfurt am Main, September 1987

Umschlaggestaltung: Jan Buchholz / Reni Hinsch
unter Verwendung eines Originalscherenschnitts von Hedwig Goller
Gesamtherstellung: Clausen & Bosse, Leck
Printed in Germany
980-ISBN-3-596-22873-5

Für Uwe und Carmen

H
G

INHALT

Melusinen und Seejungfrauen

EINLEITUNG

In Mythen und Märchen verdichten sich Erfahrungen und Träume zu einer sprachlichen Form – werden mitteilbar in symbolischen Bildern.

Die Wasserfrau, die Nixe, ist eines dieser faszinierenden Ur-Bilder. Sie taucht in unzähligen Zeugnissen der Bildenden Kunst und Literatur auf, im besonderen in Märchen und Sagen, aber auch in den Kulturen der Alten Welt und der Antike.

So vielgestaltig wie das Wasser selbst, schillernd-schön, aber auch dunkel-dämonisch, treten uns die weiblichen Wassergestalten aus den Märchen und Sagen entgegen:

– Wasserfrau, Seeweiblein, Meermaid,
– Wasserbraut, Brunnenfee und Schwanenprinzessin,

aber auch

– Schlangenfrau, Meereshexe, Meeresungeheuer und Sirene.

Diese verwirrende Vielfalt von Wasser-Frauen scheint zunächst nicht zusammenzugehören, ja sie widerspricht sich. Sehen wir die Wasserfrauen jedoch in phänomenologischem Zusammenhang, so wird deutlich, daß sie alle Ausdruck einer großen zentralen Gestalt sind: der der *Großen Mutter.* Die vielen verschiedenen Figuren stellen nur Teilaspekte des *Großen Weiblichen* in seiner Ambivalenz dar. Diese Gestalt der *Großen Mutter* besteht aus einer großen

> »Vielheit von Figuren, von ›Großen Müttern‹, die als Göttinnen und Feen, Dämoninnen und Nixen, Holden und Unholden in den Bräuchen und Riten, Mythen, Religionen und Märchen innerhalb der Menschheit Manifestationsformen des einen Großen Unbekannten sind, der ›Großen Mutter‹, dem zentralen Aspekt des Großen Weiblichen.« (*Erich Neumann*)

Die »große Göttin«, als »Prinzip weiblicher Mentalität« (Marie-Louise von Franz), das jahrtausendelang verehrt wurde, lebt in unseren Volksmärchen weiter. Märchen stellen in ihrer Komplexität und Vielschichtigkeit auch Inhalte dar, die dem modernen Menschen aus dem Bewußtsein geschwunden sind. Märchen schöpfen tief aus dem Unbewußten und bewahren Bilder und Symbole, die noch auf die vorpatriarchale Entwicklungsstufe unserer Kultur hinweisen: Ein solches Ur-Bild ist die Wasserfrau.

Die Mythen und Religionen aller Völker kennen den Archetypus der »Großen Mutter«, die Kulturen vergangener Zeiten sind reich an Bildnissen des Großen Weiblichen:

Sie ist

- die »*Gute Mutter*«, die Gebärende, Schöpferische,
- die Erhaltend-Schützende,

aber auch

- die »*Furchtbare Mutter*«, die Verschlingend-Fressende, die Vernichtende, die Todbringende.

Der Archetypus der *Großen Mutter* ist oft dem Naturelement Erde zugeordnet, die *Große Mutter* ist die Erdgöttin, woraus alles Leben entspringt und im Tod zurückgenommen wird. Jedoch in vielen Mythen ist das Wasser der »Urschoß des Lebens«, daraus wird alles Lebendige geboren.

> »Dies mütterliche Wasser ist nicht nur enthaltend, sondern auch nährend und wandelnd.« (*Erich Neumann*)

Das *Wasser* spielte religionsgeschichtlich und philosophisch zu allen Zeiten eine wichtige Rolle. Im alten Orient ist Wasser zunächst der *Urstoff*, aus dem die Welt hervorgegangen ist. Alle Kulturen des östlichen Mittelmeerraumes schreiben dem Meer auch nach der Schöpfung einen unheilvollen Charakter zu. So gilt in manchen Religionen der »untere Ozean« (= unter der Erde) als Aufenthaltsort der Toten. Aus dem »oberen Meer« kommt der alles befruchtende Regen (Baalsmythos), aus dem »unteren Meer« sprudeln Quellen und Flüsse. Im Griechentum und im Islam dachte man sich die Erde von mehreren konzentrischen Meeren umschlossen bzw. umflossen, deren äußerstes für nicht schiffbar, also todbringend, gehalten wurde. Gleichwohl gilt seit jeher Wasser als lebensspendend. So ist verständlich, daß Quellen als heilige Kultstätten verehrt wurden, sie galten oft als Aufenthaltsort weiblicher Wassergeister und -göttinnen, aber auch als Eingang zur Unterwelt. Das Wasser ist in der germanischen Mythologie heiliges Schicksalswasser. In der Tiefe, zwischen den Wurzeln der Weltesche Yggdrasill, entspringen die *Weisheits-* und die *Schicksalsquelle*. Die Nornen, die germanischen Schicksalsgöttinnen, die den Lebensfaden spinnen und abschneiden, wohnen am Urdbrunnen, schöpfen Tag und Nacht Wasser daraus und besprengen den Weltenbaum, daß er nicht verdorre.

Religionsphänomenologisch stellt die christliche Taufe einen Ritus dar, der die Erlösung, die Neuschöpfung und die Überwindung von Tod und Chaos symbolisiert, das Taufwasser ist »Lebenswasser«. Fabelwesen und Monstren – und auch Nixen (!) – finden sich vor allem in den unteren Zonen des Taufbeckens als Symbole der durch die Taufe ausgetriebenen dämonischen Mächte.

Tiefenpsychologisch ist das Wasser ein Ursymbol der Seele und des Unbewußten:

> »*So ist das Wasser*, unter dessen Oberfläche Versunkenes ruht und das ungeahnte Tiefen birgt, *ein Symbol des Unbewußten*, dem alles Wirkliche entsteigt und das auch wiederum, alles überflutend, die Wirklichkeit verschlingen kann. Indem aber im Unbewußten die schöpferische Kraft der Seele ruht, versinnbildlicht das Wasser oft die Tiefe, die den Schatz beherbergt, den Lebenswert, dem der Held nachjagt.« (*Marie-Louise v. Franz*)

Das Wasser ist mit der Seele zu vergleichen, die Wandlungen der Seele sind mit den Wandlungen des Elements Wasser in Verbindung zu setzen. Goethe beschreibt dies auch in seinem ›Gesang der Geister über den Wassern‹.

So können wir die Nixen und Wasserfrauen unserer Volksmärchen und Sagen auch als Bildsymbole jener archaischen Mutter- und Wassergöttinnen sehen, aber auch andererseits als Archetypus des Weiblichen, der Anima, die in ihrer positiven und schöpferischen, aber auch negativen und zerstörenden Funktion in jedem individuellen Leben eine wesentliche Rolle spielt. Vielleicht läßt sich daher das Phänomen erklären, daß die Faszination, die von Nixen und Wasserfrauen ausgeht, bis in unsere moderne Zeit ihre Wirkung nicht verloren hat.

Überall in der Welt hat die Seejungfrau ihre Spuren hinterlassen: Legenden, Sagen und Märchen von ihr finden sich in fast jedem Land, in vielen Kulturen. Menschen in allen Zeiten fühlten sich von ihrem Wesen angezogen. Die Nixe, die Meerjungfrau, das Meerweib etc. sind Gestalten aus Märchen und Mythos, deren Ursprünge sehr vielschichtig und zeitlich weit zurück durch viele Jahrhunderte zu verfolgen sind. Auch unter kunstgeschichtlichem Aspekt begegnet uns die Nixe in vielfacher Gestalt, sie erscheint auf unzähligen Bildnissen, antiken Mosaiken, Gemälden und Münzen, auf mittelalterlichen Fresken und Kapitellfriesen: Einmal ist sie die Meeresgöttin, die dreigestaltige Wasserfrau, dann die verführerische Nixe, Sirene und schöne Nymphe. Lesen wir die in dieser Sammlung vorgestellten Texte, so ergeben sich aufschlußreiche Querverbindungen und Zusammenhänge. Die Auswahl der Zeugnisse aus Kunst- und Geistesgeschichte ist, dem Umfang des Buches entsprechend, begrenzt, d.h. relativ beliebig und in keiner Weise vollständig.
Wo nun suchen wir die Ahnen der Seejungfrauen?
In *Babylonien* wurde der Gott *Oannas*, halb Fisch, halb Mensch (»Große Tiefe«), als Ursprung aller Dinge verehrt. Die erste weibliche fischschwänzige Gottheit, *Derceto*, eine *semitische Mondgöttin*, ist die erste mythologische Figur, die man als Seejungfrau bezeichnen könnte. Die mythologische Herleitung des Fischschwanzes hat bereits *Diodor von Sizilien* (1. Jh. v. Chr.), ein Historiograph, beschrieben. *Lukian* berichtet von ihrer merkwürdigen Gestalt:

»... denn die obere Hälfte ihres Körpers ist der einer Frau, aber von den Hüften bis zu den unteren Gliedmaßen besteht sie aus dem Schwanz eines Fisches.«

In den heiligen Büchern der *Inder*, den ›Veden‹, finden wir auch Götter, die zur Hälfte Fischkörper haben, ebenso Wassernymphen, in menschlicher und in Vogelgestalt. Auf altindischen Steinbildern ist *Vishnu*, der Erhalter, als Doppelwesen zu sehen: halb Mensch, halb Fisch. Ein anderer Ritus zeigt Vishnu als Inkarnation einer Göttin in Fischgestalt: eine glänzend geschmückte Frau mit vier Armen und stattlichem Fischschwanz – eine indische »Seejungfrau«?
Die *Apsaras* (»auf dem Wasser bewegend«) sind überirdische, mit prophetischen Gaben ausgestattete Wassernymphen, die den Hindu-Götterhimmel bevölkern. Sie tanzen

Chinesische Apsara aus dem 14. oder 15. Jahrhundert

und singen gern, ein besonderer Duft geht von ihnen aus, und sie können auf Zimbeln und Lauten schön musizieren. Insofern zeigen sie viele Ähnlichkeiten zu den Nixen und Sirenen.
Die Gewässer des *alten China und Japan* dachten sich die Menschen von Drachenkönigen und deren Drachenfrauen bewohnt. Sie hausten in den Tiefen des Meeres, und man glaubte, deren Paläste in tiefen Gewässern erkennen zu können. Die Drachenfrauen lebten wie die Schwanenjungfrauen, Nixen und Seejungfrauen ebenfalls unter Menschen, auch konnten sie Krankheiten heilen und kannten die Bedeutung der Heilkräuter (siehe das Märchen »Die schöne Brunnenfrau«).
Die *griechische Mythologie* ist reich an Wassermännern und besonders Wasserfrauen. Auf frühen Vasenmalereien erscheinen ebenfalls fischschwänzige Gottheiten. *Nereus*, der später durch *Poseidon* ersetzt wurde, ist der eigentliche Gott des Mittelmeers. Er war der Vater aller *Nereïden* und *Seenymphen*. *Triton*, der Sohn des Poseidon, ist

> »wunderbarlich gleich ewigen Göttern gestaltet. Abwärts jedoch von den Weichen erstreckte sich hüben und drüben doppelt der Schwanz eines Seetiers. Die Oberfläche des Wassers schlug er mit dessen Stacheln, die krumm wie die Hörner des Mondes zwiegespaltet unten sich teilten.« (*Apollonius Rhodios*, 231–181 v. Chr.)

Der Mythos berichtet von der schrecklichen Verwandlung der *Skylla* in ein Meerungeheuer: Der *Tritone Glaukos* begehrte die schöne Jungfrau Skylla, die in der Bucht von Sizilien badete. Sie lehnte ihn wegen seiner Mißgestalt, seines Fischschwanzes, ab. Glaukos suchte Rat bei der *Zauberin Circe*, die jedoch aus Eifersucht Skylla mit einem Zaubertrank in ein Meerungeheuer verwandelte. Eine antike Gemme zeigt Skylla in ihrer Doppelheit: oben ist sie als schönes Weib gestaltet, ihren Schoß aber bilden drei Unterweltshunde, die fressenden Tiergebisse symbolisieren Tod und Verderben (nach Neumann). Eine spätarchaische Reliefdarstellung bildet sie mit lieblichem Frauengesicht und

Skylla aus Aegina, spätarchaisch etwa 400 v. Chr.

Oberkörper ab, der scheußliche Drachenschwanz und die Hundeköpfe scheinen gebändigt, eine klassisch-griechische Meer-Frau!

In der griechischen Mythologie sind die *Okeaniden*, Töchter des *Okeanos* und der *Tethys*, sehr zahlreich, es sollen sich insgesamt dreitausend in den Weltmeeren getummelt haben. Die *Najaden* oder *Nymphen* waren ebenfalls liebliche Geschöpfe mit Fischschwänzen, die jedoch die Flüsse und Ströme bevölkerten. *Nereus* zeugte mit der Okeanide *Doris* fünfzig *Nereïden oder Meeresnymphen*, von denen *Amphitrite*, die Gattin des Poseidon, die berühmteste ist.

In Syrakus in Sizilien verehrte man die *Göttin Arethusa*. Der Flußgott *Alpheios* begehrte sie zum Weibe, sie floh und wurde deshalb von ihm in eine Quelle verwandelt. In Syrakus wurden ihr Opfer gebracht, geprägte Münzen zeigen ihren Kopf von Delphinen umgeben.

Aphrodite, die Schaumgeborene, die Göttin der Liebe und der Schönheit, ist die wichtigste griechische Wassergöttin. Sie wird ohne Fischschwanz abgebildet. Ein sehr gut erhal-

Mosaik aus Tunesien

tenes maritimes Mosaik aus Tunesien zeigt sie als römische Gottheit: Venus inmitten der Wasserwesen.

In vielen griechischen Tempelanlagen befinden sich *heilige Quellen*, weiblichen Wassergottheiten geweiht (z. B. in Delphi und in Syrakus). In Lindos (Rhodos) sieht man noch heute unterhalb des auf hohem Felsen liegenden Tempels eine Meeresgrotte, in der auch Bildnisse einer Mutter- und Wassergöttin gefunden wurden. Archäologische Forschungen haben ergeben, daß der berühmte Lindia-Tempel erst nachträglich errichtet wurde, die ursprüngliche Kultstelle dieser weiblichen Wassergottheit war in einer *Meeresgrotte*.

Die bekanntesten griechischen Wasser-Frauen sind die *Sirenen*. Seit *Odysseus* ihrem Zaubergesang widerstand – Circe hatte ihn zuvor gewarnt –, sind sie zum Inbegriff weiblicher Verführungskunst geworden. Erst *Homer* (um 850 v. Chr.) hat ihnen eine schöne Stimme verliehen, ursprünglich sollen sie nichts als *Keres* (Spukerscheinungen) gewesen sein. Die frühgriechischen Künstler stellten die Sirenen immer in Vogelgestalt dar. In hellenistischer Zeit verloren die Sirenen

Athenische Vase aus Stamnos
Odysseus am Felsen der Sirenen

ihren Vogelleib und erhielten einen Fischschwanz. Seit Homer ist klar: Wer dem Gesang der Sirenen lauscht, ist vom Tode gezeichnet. Den Sirenen zu verfallen, bedeutet den sicheren Tod. Auch war der Glaube verbreitet, die Sirenen trügen die Seelen der Verstorbenen zu den glücklichen Inseln (man kennt griechische Grabsteine mit trauernden Sirenen).

Das antike Sirenenmotiv spiegelt sich in den Nixenmärchen aus Deutschland, der Schweiz, Irland, England und dem estnischen Sprachbereich wider: Die Nixe verführt den Mann durch die Schönheit der Gestalt und den Zauber der Stimme, sie zieht ihn hinab ins Reich des Todes.
Der Archetypus der Sirene taucht jedoch auch in anderen Kulturen und Erdteilen auf. Die haitianische Meeres- und Flußgöttin *La Sirène* ist eine wesentliche Gestalt des *Voodou*, der afrikanischen Religion der Haitianer. In der synkretistischen Entwicklung der Jahrhundertwende, dem Bestreben, das Heidnische mit dem Christlichen zu verbinden, wurde die Voodou-Meeresgöttin La Sirène mit der Gestalt der *Heiligen Philomé* verbunden, deren Attribut der Anker ist. Mythen erzählen von der haitianischen Sirene, die sich, auf einem Felsen sitzend, beim Mondschein mit goldenem Kamm die Haare kämmt. Wird sie dabei überrascht, verschwindet sie im Wasser. Vergißt sie bei der Flucht ihren Kamm, wird er dem Finder Glück bringen. Wer denkt da nicht an die *Lorelei*?

Auch im europäischen Raum können wir besonders deutlich den Prozeß der Verschmelzung von heidnischem und christlichem Traditionsgut anhand der Gestalt der Seejungfrau verfolgen: Nixen und Meer-Frauen tauchen in der frühchristlichen Zeit in den lateinischen *Bestiarien* auf. Sie tragen deutliche Züge der griechisch-antiken Sirenen und Wasserfrauen. Diese Bestiarien bildeten Tiere und Fabelwesen, darunter auch die Seejungfrauen, ab, beschrieben und kommentierten sie und versahen sie mit einer christlichen Moral. Dieser reale Glaube an die Existenz der Seejungfrauen reichte bis ins hohe Mittelalter hinein. Trotz des eingeführten Christentums wurden die alten heidnischen Meer- und Wassergottheiten weiter verehrt, und es wurde ihnen auch an den alten Kultstellen (Brunnen, Grotten, Höhlen etc.) geopfert. Geweihte Brunnen in der Nähe von Gotteshäusern zeugen von diesen Bemühungen, die heidnischen Wassergottheiten und Riten in das christliche Gedankengut aufzunehmen. Die frühe christliche Kirche zeigte eine große Unbefangenheit in der Übernahme und Umfunktionierung alter heidnischer Bräuche und Kultstätten.

Die heilige Mauritius-Kirche in Hemsbach bei Osterburken (1281) stellt unter Fachleuten, dank neuerer Forschungen, eine Sensation dar: Sie war seit dem Mittelalter ein Wallfahrtsort mit einem alten *Wasserkult*, in dem christliche und heidnische Bräuche ineinander übergingen. Man vermutet an der Stelle, an der heute die Kirche steht, eine römisch-germanische Kultstätte zur Verehrung von Wasser-Jungfrauen. Indizien weisen darauf hin, daß Mönche aus Worms im 7. Jahrhundert bei der Christianisierung der Gegend den alten Wasserkult bestehen ließen. In der Umgegend soll es auch Sagen von den »drei Meerfräulein« geben. Im Jahre 1594 wird in einer Chronik dieser Kirche ein Altar von »drei heiligen Jungfrauen« erwähnt. Die weibliche Dreiheit, zuerst in heidnischer, dann in christlicher Gewandung, weist auf einen sehr alten Kult der Großen Mutter in der Dreiergestalt hin: Die Verehrung der ›Tria Fata‹ als parzen- und moirenähnliche weibliche Schicksalsgöttinnen kennen wir aus der Spätantike.
In der *Wallfahrtskirche Maria Brünnlein* in Wemding (Bayern) sprudelt noch heute mitten in dem Kirchenraum – neben dem Altar – ein Brunnenwasser, eine »heilige« Quelle, heilkräftiges Wasser für Wallfahrende! In derselben Kirche finden wir ein Altarbild, das ›Drei Heilige Frauen‹ darstellt:

»Die Heilige Margaretha mit dem Wurm,
die Heilige Barbara mit dem Turm,
die Heilige Katharina mit dem Radel
das sind die drei Madel!«

In *Waiblingen* (Württemberg) wurde das sogenannte *Nonnenkirchlein* (15. Jh.) über einer Quelle erbaut. Bei neueren Ausgrabungen wurden Treppenstufen gefunden, die zu einem Brunnen im Bereich des Kirchenraumes führten.
In einem Wald nahe *Deggingen* (Geislingen / Alb) gibt es bei der Wallfahrtskirche ›*Ave Maria*‹ sogar einen Prozessionsweg, der an mehreren Quell-Grotten entlangführt.

Auch das irische Märchen von der ›Seejungfrau Liban‹ zeugt von dieser Versöhnung zwischen Christentum und Heidentum:

> »In jenem Jahre (558) wurde gefangen eine Seejungfrau, die hieß Liban, Tochter des Eochaidh, eines Sohnes des Muireadh, und zwar am Strande vor Ollarbha, im Netze von Beon, Sohn des Inli, einem Fischer aus Comhgall of Beannchair.«

Diese Seejungfrau soll dreihundert Jahre in einer Kammer am Grunde des Sees gelebt haben. Wunderbarerweise war ihr ein Lachsschwanz gewachsen, sie sehnte sich jedoch nach Erlösung und flehte Gott an, sie zu erhören. Heilige Mönche fingen sie in einem Fischernetz. Sie erhielt die christliche Taufe und den Namen »Murgan«, die Seegeborene. Darauf wählte sie den Tod, um ihr Seelenheil zu erlangen. Sie wird heute noch als irische Heilige verehrt.
Im Mittelalter erlebt die Nixe, Sirene, Seejungfrau, wie immer sie benannt und abgebildet wird, ihre Blütezeit. In den *romanischen Kirchen* finden wir sie auch heute noch überall dargestellt, Fresken, Steinbilder und Holzschnitzereien zeugen von ihrer Existenz im Vorstellungsbereich des mittelalterlichen Menschen. Die Künstler des Mittelalters bevorzugten die Seejungfrauen, die sie zusammen mit Phantasiewesen im Gegensatz zu den Figuren der Bibel als abschreckendes Gleichnis für menschliche Verderbnis und Sünde gestalteten. So gewöhnten sich die Kirchgänger an die Darstellungen, ja sie bildeten einen wichtigen Teil ihres geistigen Besitzes, waren die Bildnisse in der romanischen Kirche doch die wichtigsten Übermittler religiöser Wahrheiten. Da nur wenige lesen und schreiben konnten, beschäftigte ein

Eine der drei musizierenden Nixen auf einem Deckenfries der Kirche St. Martin in Zillis, Graubünden

ziemlich beschränkter Schatz an Volkssagen, Märchen und biblischen Geschichten die Phantasie des Menschen.
Grundzüge des mittelalterlichen Weltbildes lassen sich an dem berühmten *Holzdeckengemälde in Zillis* (Graubünden, 1. Hälfte des 12. Jh.) ablesen, in dem die Meerjungfrauen bemerkenswerterweise einen zentralen Platz einnehmen. Ein Monumentalzyklus des christlichen Heilsgeschehens wird in Zillis auf 153 Feldern einer Holzkassettendecke dargestellt, der ältesten und nahezu unversehrt erhalten gebliebenen figürlichen Bilderdecke aus romanischer Zeit. An den vier Ecken der Holzdecke wachen die Engel der Offenbarung, im Meer aber tummeln sich unzählige fantastische Fabelgestalten, Mischwesen aus Mensch und Tier, wie sie die

Erschaffung der Fische und Seejungfrauen
Deckengemälde in der Kirche von Gjerrild, Jütland um 1500

Bestiarien abbilden: Fischschwänzige Drachen, Wölfe, Rehböcke und Einhörner, Kentauren und andere. In der Mitte des Deckenfrieses, oben und unten, sehen wir *drei musizierende Nixen*. Bemerkenswert ist, daß sie im Zentrum des Weltenmeeres, welches das Teuflische, Sündhafte, Böse,

Verabscheuungswürdige symbolisiert, thronen. Wird hier die heidnische Wassergottheit in der Dreiergestalt der Großen Mutter inmitten des Christlichen abgebildet, sogar in zweifacher Ausführung, das Oben und Unten des Meeres ein- bzw. abschließend?

Es ist überraschend, wie häufig sich Darstellungen von Nixen in Kirchen finden, z. B. erscheint auf romanischen Kapitellen die Sirene oft mit einem Fisch in der Hand: die heidnische Wasserfrau mit dem christlichen Symbol der Erlösung.

Im *Straßburger Münster* erhebt sich eine imposante, portalartige Altarnische aus dem späten 12. Jahrhundert. Der Kapitellfries zeigt eine Reihe verschlungener Vögel mit Reptilienschwänzen. An der Ecke des Frieses säugt ein geschupptes Meerweib sein Kind.

In der *Herrgottskirche in Creglingen* (berühmt durch den Tilmann-Riemenschneider-Altar) findet sich ein großes Fresko mit dem *Hl. Christopherus*: In dem Wasser, das er durchwaten muß, tummeln sich mehrere doppelschwänzige Nixen und Fabelwesen; man nimmt an, sie stammen aus einem frühen, mittelalterlichen Wandbild. Genau das gleiche Fresken-Motiv können wir in einer der ältesten *Graubündner Kirchen in Müsteil* (11. Jh.) betrachten: auch hier die Nixe als heidnisches Gegenstück zur Heiligenlegende vom Christopherus!

In den seltsam geheimnisvollen, philosophischen Schriften des *Paracelsus*, des universal gebildeten Arztes und Gelehrten aus dem 16. Jahrhundert (1493–1541), spielen Nymphen und Melusinen, die Elementargeister des Wassers, neben denen aus Luft, Erde und Feuer eine erhebliche Rolle. Er glaubte an deren wirkliche Existenz und beschrieb ihre Sitten und ihr Verhalten, insbesondere deren verschiedenartiges Zusammentreffen und Leben mit den Menschen in seinem Buch ›Liber de Nymphis‹. Die Elementargeister werden als Geschöpfe Gottes dargestellt, die er als »außerhalb des Lichtes der Natur« zu verstehen sucht. Bemerkenswert ist, daß er diese Elementarwesen

nicht als Teufelswerke, sondern als Teil der Schöpfung Gottes ansieht. Diese Ausführungen sind einmalig, denn sie versuchen das Übernatürliche zu konkretisieren und in seiner Existenz theologisch zu verteidigen: »So sind auch solche Geschöpfe nötig und haben ihren Platz in der Schöpfung und sind nicht ohne Grund geschaffen.« Dieser Gedanke taucht in einem Kirchenfresko in Jütland um 1500 auf: Gottvater selbst erschafft Seejungfrauen und Fische im Meer.
Die Nixe als Inkarnation des Dämonisch-Bösen oder des Verderbens im antik-mythologischen Sinne verwandelt sich und tritt bei Paracelsus als erlösungsbedürftiges Wesen auf, das eine Seele sucht. Die Nixen besitzen alle Fähigkeiten des Menschen, jedoch haben sie keine Seele. Er beschreibt, wie sie eine solche gewinnen können: »Auch solche Frauen (Nymphen) können eine Seele erlangen, wenn sie nämlich vermählt werden, dann sind sie wie andere Frauen und werden durch Gott erlöst«.

Als *Hieronymus Bosch* seine künstlerische Laufbahn um 1475 begann, war die Epoche des christlichen Mittelalters zu Ende gegangen und die Schwelle der Reformation erreicht, die Entdeckung fremder Welt-Teile setzte neue Ziele. In seinen apokalyptisch-rätselhaften Bildwerken entdecken wir schwimmende und fliegende Nixen. Er schuf in dieser Zeit der geistigen und sozialen Umwälzung »visionäre Sinnbilder mit nie dagewesenem Erfindungsreichtum, die er dämonisch zu steigern wußte.« (*Dino Buzzati*)
Das Zentrum eines seiner symbolisch-alchimistisch zu deutenden Werke, des ›Gartens der Lüste‹, bildet ein Lebensbrunnen, dem Nymphen mit Vögeln auf dem Kopf entsteigen. Im Hintergrund, umgeben von phantastischen Gewächsen, Vögeln und Menschengruppierungen, ist ein blaues, glasklares Wasser zu sehen und darin Heerscharen von Nixen und Wassermännern, alle gekennzeichnet durch ihre abstoßend panzerartigen Fisch- und Drachenschwänze. Phantastischerweise schwebt in der Luft eine

Darstellungen aus ›Garten der Lüste‹
von Hieronymus Bosch

Nixe auf einem geflügelten Fisch, den sie mit einem Stab hoheitsvoll steuert!

In der Neuzeit wurde der mittelalterliche Wunderglaube an Nixen und Meereswesen durch vernünftige Erklärungen und Skepsis relativiert.

Jedoch am Weiterleben des tiefverankerten Volksglaubens an Nixen und Wassergeister konnte dies nichts ändern: Bis ins 19. Jahrhundert hinein gab es eindrucksvolle Berichte von Seefahrern über seltsame Begegnungen mit Nixen und Wasserfrauen.

Darstellende Künstler und Handwerker, welche die Außenfassaden der prächtigen Bürgerhäuser gestalteten, sie mit Malereien und kostbarem Mobiliar ausstatteten, verwendeten immer wieder die faszinierende Gestalt der Wasserfrau (manchmal zusammen mit dem Wassermann) als Dekorationselement.

Im Lutherhaus zu Eisenach befindet sich eine bemerkenswerte Seejungfrauenplastik: Ein sogenanntes *Lüsterweibchen* schwebt, eingearbeitet in den hängenden, riesigen Kronleuchter, an Ketten von der Decke. Der Oberkörper der Nixe ist bekleidet nach der Sitte der Bürgersfrauen, auch die Haare sind fein geordnet, jedoch endet der Körper in einem gebogenen, schuppigen Schwanz. Solche Lüster-

Lüsterweibchen im Luther-Haus in Eisenach

weibchen, die sich auch an anderen Orten finden, sind heute eine rare Antiquität.

Natürlicherweise erscheinen die *Nixen* und *Nöcks* sehr häufig als dekorative Ausschmückung auf den mittelalterlichen *Stadtbrunnen*. In *Breisach* sieht man eine Nixe mit Netz auf dem Turm des *Radbrunnens* (12./13. Jh.) schweben. In *Rothenburg ob der Tauber* ist die Herrengasse mit einem Nixenbrunnen (1615) geschmückt, dessen Nixe mit Männergesicht, Zepter und Krone und geschnörkeltem Doppelschwanz recht verfremdet wirkt. In *Stuttgart* (Leonhardtsplatz) verzieren zwei doppelschwänzige Nixen den Nachtwächterbrunnen, das Ungewöhnliche an ihnen ist: sie tragen Kopftücher!

Eine Naturgeschichte (Amsterdam 1717) berichtet noch von der Zwitternatur der Seejungfrau und bildet sie mit Fischen, Krebsen und anderen Seetieren ab. Die Seejungfrau – eine botanische Wirklichkeit im 18. Jahrhundert?

Nixen und Wassermänner blieben auch noch im 19. Jahrhundert ein beliebtes Dekorationsmotiv:

Die Außenfassade eines besonders prächtigen Neorenaissance-Hauses in Weimar, des Lukas-Cranach-Hauses

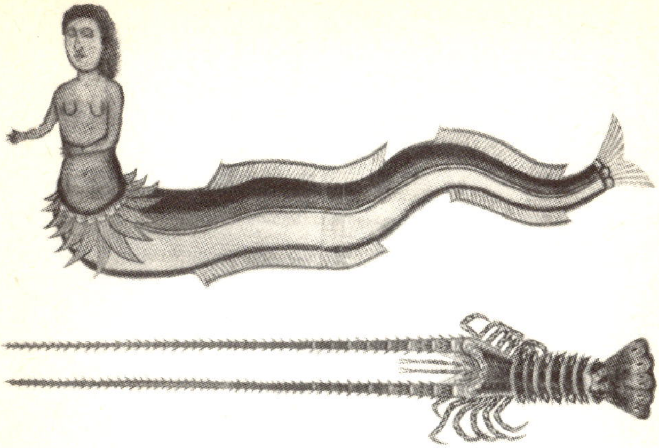

Aus: ›Naturgeschichte‹ Amsterdam 1717

(1872), ist mit mehreren üppigen Nixen und Wassermännern geschmückt.

In den Werken der Bildenden Kunst, der Literatur und der Musik leben die Nixen und Wasserfrauen auch in der Moderne weiter. So wurde Hans Christian Andersens Märchen von der ›Kleinen Seejungfrau‹ in *Dvořaks* Oper ›Rusalka‹ thematisiert. Das Libretto schrieb Jaroslav Kvapil im Jahr 1899, als er in Andersens Heimat auf die dänische Insel Bornholm reiste. Hans Christian Andersen (1805–1875)

Außenfassade eines Neorenaissance-Hauses in Weimar

hatte 1835 den ersten Band seiner ›Märchen und Geschichten‹ veröffentlicht, darin ›Die kleine Seejungfrau‹. Im Mittelpunkt steht wieder die Sehnsucht des Wassergeschöpfes nach einem Menschenkörper und einer Menschenseele: Es ist die Geschichte von der unglücklichen Liebesbeziehung zwischen einem Menschen und einem Wassergeist. Dies ist auch die stoffliche Grundlage der Erzählung ›Undine‹ von *de la Motte-Fouqué* (1777–1843), von der Paracelsus in dem obengenannten Werk berichtet. Fouqué gestaltete seine Erzählung ›Undine‹ (1811) nach einer Skizze *E. T. A. Hoffmanns* zu einem Operntext um, daraus entstand *Lortzings* Oper ›Undine‹.

Suchen wir in unserer Zeit nach Bildnissen von Nixen, so stoßen wir auf Maler aus der *deutschen romantischen Schule* und des *Jugendstils*, wie *Arnold Böcklin*, *Franz von Stuck* und *Max Klinger*.

Die ›Meeresbrandung‹ von Arnold Böcklin (1877) zeigt z. B. ein Meerweib, das in seiner dämonischen und dennoch schönen Sinnlichkeit ganz in dem Naturelement des schäumend-brandenden Meeres aufgeht, welches die lebensschaffende und auch zerstörende Kraft des Unbewußten symbolisiert; wir können darin auch viele Züge der Nixenmärchen wiedererkennen.

Dagegen gestaltete der Schwede *Carl Milles*, der um die Jahrhundertwende besonders in Amerika erfolgreich war, eine Nixengestalt in naiver Einfachheit: eine Brunnenfigur aus Bronze stellt eine Meerjungfrau mit zwei Schwänzen dar, sie reitet auf einem Delphin – ein Motiv, das sich schon in Shakespeares ›Sommernachtstraum‹ (II, 1) findet:

> … Weißt du noch wohl,
> wie ich einst saß auf einem Vorgebirge,
> und eine Meerfrau, die ein Delphin trug,
> so süße Harmonien hauchen hörte,
> daß die empörte See gehorsam ward,
> daß Sterne wild aus ihren Kreisen fuhren,
> der Nymphe Lied zu hören?

Carl Milles ›Najade‹

Milles' ›Najade‹, dem Brunnen-Putto Verocchios in Florenz (Palazzo Vecchio) nachempfunden, sieht eher nach einer Vitalitäts-Groteske aus, die nicht allzu ernst genommen werden möchte.
Für *Georges Liautaud*, einen noch lebenden haitianischen Künstler, verkörpert die Meeres-Göttin ›La Sirène‹, eine Gestalt aus der afrikanischen Voodou-Religion, den Typus Frau schlechthin. Nachstehendes Foto einer Nixe ›Mer-

Georges Liautaud ›Mermaid‹

maid‹ zeigt, daß der Mythos von der Meerjungfrau auch heute noch lebendig ist.

Ziel dieses Buches soll sein, durch verschiedenartige Texte aus dem europäischen Volksmärchenschatz die Gestalten der Nixen und Wasserfrauen zu veranschaulichen, ihren mythologischen, sagengeschichtlichen und kunsthistorischen Hintergrund in Text und Bild zu dokumentieren. Durch eine mosaikartige Nebeneinanderstellung von antiken Mythen, Sagen, Volksmärchen und Kunstmärchen zum Motiv der Wasserfrau erhält der Leser einen Einblick in die mythologischen und kulturgeschichtlichen Verbindungen, die innerhalb der »folk-tales« bestehen und aus deren Quellen der Schriftsteller bewußt oder unbewußt seine Kunstmärchen schafft. Wenn wir bei der Frage der Einteilung in Volksmärchen und Kunstmärchen der neueren Auffassung folgen, so ist diese Differenzierung in bisheriger Art nicht mehr zu vertreten (Jens Tismar). Die Unterscheidung zwischen der »Naivität« der Volksmärchen, als der »Naturpoesie«, des »Sichvonselbstmachens« (nach Grimm), und der »Kunstpoesie«, die auf Grund der künstlerischen Erfindungskraft geschaffen wird, ist fraglich geworden: Viele Märchenforscher (z. B. Fehling, Tismar) zweifeln heute an dem »ununterbrochenen Strom mündlicher Überlieferung«. Sie meinen eher, daß »die literarische Erdichtung der jeweiligen Popularisierung im mündlichen Erzählen vorausgehe«. Auch die Brüder Grimm haben, wie heute feststeht, das erzählte Märchen »literarisiert, verändert, umgeformt« etc. Insofern erscheint es sinnvoll, auch Kunstmärchen (›Die schöne Lau‹ und ›Der Ring‹) in diese Sammlung aufzunehmen.

Wasserfrauen und Seeweibchen

Die *mütterliche* Wasserfrau taucht aus dem Wasserreich auf und zeigt sich zu richtiger Zeit helfend dem Menschen, spendet Schutz und Segen und beschenkt mit kostbaren Gaben. Sie trägt Merkmale des Archetyps der Guten Mutter, welche die Gebärende, Schöpferische, Erhaltend-Schützende ist. Sie ist die Lebensgöttin: Deshalb wird in den Nixenmärchen die Wasserfrau meist mit dem Thema »Geburt und Kind« in Verbindung gebracht.

Eduard Mörikes ›*Schöne Lau*‹ ist »eine Wasserfrau mit langen, fließenden Haaren..., ihr Leib... allenthalben wie eines schönen, natürlichen Weibs, dies eine ausgenommen, daß sie zwischen den Fingern und Zehen eine Schwimmhaut hatte, blühweiß und zärter als ein Blatt von Mohn.« (Mörike)

Die ›Historie von der Schönen Lau‹ ist die Geschichte einer wunderbaren Erlösung: Durch herzhaftes Lachen über Allzumenschliches und Komisches wird sie vom Fluch des Totgebärens erlöst, sie kann aus ihrer Verbannung am Blautopf zum Donaunix zurückkehren und gesunde Kinder gebären. So gestaltete Mörike das volkstümliche Motiv von Nixe und Kind humoristisch-ironisch um. In vielen anderen örtlichen Sagen dagegen zieht die Nixe die Kinder in die Tiefe.

Die Wasserfrau in dem Volksmärchen ›Die junge Gräfin und die Wasserfrau‹ nimmt bei dem elternlosen Kind als Patin Mutterstelle ein, bietet ihm Schutz und feit es durch Zaubergeschenke gegen die Widerwärtigkeiten des Lebens.

»*Seefräulein*« und »*Waschweibchen*«, die auf geheimnisvoll-scheue Weise bei den Menschen erscheinen, weben, spinnen, Brot backen, kurz alle fraulichen Tätigkeiten im ursprünglichen Sinn verrichten, könnten auch – trotz ihrer Nähe zu den Elementarwesen der Zwerge und Elfen – zu den Figuren im Umkreis der Großen Mutter gehören.

Die in diesem Kapitel zusammengestellten Texte zeigen, daß die vielfältigen, ineinander verwobenen Erzählmotive der ›Schönen Lau‹ von Eduard Mörike auch im Volksgut, in Sage und Volksmärchen zu finden sind, obwohl Mörike häufig betonte, daß er die örtlichen Sagen über Wasserfrauen nicht gekannt habe. Allerdings fügte Mörike viele schwäbische Wortschöpfungen in seine Märchenerzählung ein, um eine spezifisch schwäbische »Volkstümlichkeit« zu erzielen.
Die ›Schöne Lau‹ ist ein Märchen im Märchen und erklärt in kunstvoll verschachtelter Erzählweise die Vorgeschichte des ›Stuttgarter Hutzelmännleins‹ – und verweist somit auf die Rahmenerzählung.
Wir stellen hier nur die »Historie von der Schönen Lau« vor, im Zusammenhang mit anderen örtlichen Märchen und Sagen. Erzählmotive aus der ›Schönen Lau‹ finden sich auch in anderen Sagen und Volksmärchen dieser Gegend:
Die Faszination des *unergründlichen Sees* und seine dämonische Tiefe sind in den beiden Texten ›Das Bleilot‹ und ›Der bodenlose See‹ thematisiert.
Die *Zauberkraft der Gaben* der ›Schönen Lau‹ findet ihre Entsprechung in dem Patengeschenk der Zaubereier in ›Die Gräfin und die Wasserfrau‹.
Das Interesse an den fraulichen Arbeiten wie *Spinnen, Weben* und *Kochen* betont den *mütterlichen Aspekt* der Wasserfrauen: Die ›Schöne Lau‹ besucht die Spinnstube, die Seeweibchen kommen ebenfalls zum Spinnen ins Dorf, und die Waschweibchen sind auch sehr emsig in allen Geschäften der Hauswirtschaft.
Die *Scheu* und die *Ängstlichkeit*, sich unter Menschen sehen zu lassen, weist auf die Fremdartigkeit der Wasserwesen hin, die erlösungsbedürftig sind und bei unrichtigem Ver-

halten des Menschen wieder ins Reich des Wassers zurückkehren müssen. Die Wasserfrau in ›*Die Gräfin und die Wasserfrau*‹ ist jedoch eine gute Mutter-Nixe, wogegen wir im Kapitel *Nixen und Sirenen* auch furchtbare Wassernixen kennenlernen: Die Wasserhexe, die den Buben auffrißt, die den Müttern die Kinder stiehlt und ihnen Wechselbälge in die Wiege legt.
Das Märchen ›*Die goldene Fessel*‹ von Giambattista Basile (1575–1632) gehört zu den 50 Märchen der ersten umfassenden Märchensammlung Europas, dem *Pentamerone*. Es sind die ersten »Kunstmärchen«, denn Basile weiß auf »kunstvolle« und originelle Weise die barocke Volkssprache der damaligen Zeit mit hochliterarischen Wortspielen zu kombinieren.

Nixen und Sirenen

In diesem Kapitel steht die *verführerisch-betörende* Wasserfrau im Mittelpunkt, die *Nixe*, die *Sirene*, die *Lorelei*, die den Mann in die Tiefe zieht und in ihr unterirdisches Reich lockt, ihn mit ihrer Schönheit und ihrem Gesang betört. Es sind die Vogelfrauen-Sirenen des Homerischen Odysseus, die in den Nixenmärchen nachwirken: »Hellsingend haben ihn die Sirenen bezaubert« (›Odyssee‹, B. XII). Diese Verführung durch das Mittel des Gesangs bleibt wesentliches Kernmotiv der hier angeführten Märchen.
Verfällt der Mann der Nixen-Sirene und wird ihr Gemahl, so ist er für die Menschenwelt verloren, dort im Reich der »Wasser-Mutter« herrschen andere Gesetze von Raum und Zeit. Solange er bei ihr ist, lebt er glücklich in dem Jenseitsreich des Wassers, kehrt er zurück, so muß er sterben.
Die Nixe zeigt hier deutliche Züge des Archetyps der furchtbaren Mutter, sie ist auch die Hexe, die Dämonische, die Entsetzliche, die Zerstörende, die Unentrinnbare.
Auch in den bekannten Balladen von Heinrich Heine (›Die Lorelei‹) und Joseph von Eichendorff (›Die Hexe Lorelei‹) wird dieses Bild auf dramatische Weise dargestellt.

In dem schweizerischen Märchen ›Der Bräutigam auf dem Wasser‹ erscheint die Sirene in Doppelgestalt, zauberisch wechselnd von einer Wesensart zur anderen: Zuerst ist sie die Verführerisch-Schöne, die den Liebsten bannt, sodann die böse Hexe, die den Mann der Braut raubt und ihn unentrinnbar in die Tiefe zieht.

Ins Hexenantlitz sehen wir auch in dem Märchen ›*Die Wasserhexe*‹. Sie ist den Buben gefährlich, sie frißt sie bei lebendigem Leibe. Sie legt den Müttern häßliche Wechselbälge in die Wiege und stiehlt ihnen die schönen Kinder.

In ›Die Meeresnixe und die Aale‹ erinnert die *Meeresnixenhexe*, umgeben von bellenden Aalen, welche die Jünglinge unweigerlich in den Tod führt, an die Darstellungen der antiken Göttin *Hekate*, der schlangenumwundenen Mondgöttin der Toten, und an die *Gorgonen*, die schlangenhaarig und schlangengegürtet Symbole der *Urgewalt* des Weiblich-Furchtbaren, Bilder der großen vorgriechischen Muttergottheit in ihrer zerstörerischen Kraft darstellen.

›*Der verzauberte See*‹, ein irisches Märchen, variiert auf ironisch-humoristische Art die geheimnisvolle Doppelgesichtigkeit der Nixe. Der Held Roderick steigt gleich Odysseus furchtlos und unbeschadet in die Unter-Wasserwelt. Dort trifft er die doppelgesichtige Wasserfrau, die viele Männer hat: Diese schwärmen von ihr als »junger, schöner, reicher Frau«, ihm selbst dagegen erscheint sie als »gewaltig dicke Frau, als dicke Hexe«.

›Die Seerosennixe‹ lockt die Jünglinge aus den leuchtenden Kelchen der blühenden Seerosen und zieht sie hinab; diese Thematik des Verschlungenseins von Seerose und Seejungfrau findet sich in vielen Kunstwerken des Jugendstils. Das Homerische Motiv des betörenden Gesangs der Sirenen ist auch in der Schwarzwaldsage ›Die Nixe mit der goldenen Leier‹ erkennbar. Die Nixe verführt den Jüngling durch die wunderbaren Klänge ihrer goldenen Leier und ihrer schönen Stimme (vergleiche auch die Darstellung der Nixen in Zillis, Seite 21).

In dem estnischen Märchen ›Die Meermaid‹ verfällt der Tor, der Dummling, der Meermaid, die klar ihre Herkunft deutet: »Ich bin der Wassermutter Tochter, und unserer sind viele Schwestern, wenn wir auch alle einsam, jede an ihrem Ort, im Meere, in Seen und in Flüssen wohnen, und uns nur selten einmal durch einen glücklichen Zufall zu sehen bekommen.«

Der mythologische Bezug zur griechischen Antike ist deutlich: Dort finden wir eine verwirrende Vielzahl solcher weiblicher Wasserwesen, die alle von der Wassermutter *Tethys* und ihrem Gemahl *Okeanos* abstammen: *Najaden* und *Nymphen*, welche die Flüsse bevölkern, und Tausende von *Okeaniden*, welche sich in den Meeren tummeln.

Schwanenjungfrau und Wasserbraut

Die *liebende* Wasserfrau ist die zentrale Figur dieses Kapitels, die Liebesgöttin, die Venus, die Aphrodite, die Schaumgeborene, die aus dem Wasser auftaucht und dem Geliebten Glück und Erfüllung schenkt. Sie ist die Wasserbraut, die sich dem Mann in tausend Gestalten nähern kann, als Schwanenfrau, als Froschprinzessin, als schöne Seejungfrau mit geheimnisvoller Tarnkappe. Gewinnt der Jüngling ihr Tiergewand, ihre Tarnkappe, so muß sie bei ihm bleiben oder kann von ihm zum Menschendasein erlöst werden.

Die Zeit des Glücks ist jedoch begrenzt: Viele Wasser-Frauen, auch wenn sie sich glücklich mit dem Menschengemahl verbinden, kehren früher oder später ins Wasserreich zurück.

In einigen Fassungen der Sage vom Schwanritter (12. Jh.) gibt es eine Vorgeschichte, das ›Märchen von den Schwankindern‹. Die sieben Kinder des Königs Oriant und der Nixe Beatrix werden von ihrer Großmutter auf die grausamste Weise verfolgt. Sechs von ihnen verwandeln sich in Schwäne, während einer, der Schwanritter, seine menschliche Gestalt behält, um die Geschwister später zu erlösen (aus dem ›Dolopathos‹ des Johannes von Alta Silva).

Dieses Erzählmotiv der Verwandlung in Schwäne kehrt in dem polnischen Märchen ›Die Schwanenprinzessin‹ wieder:

Die stolze Königin verwandelt sich selbst, den König und ihre sieben Kinder in Schwäne, als die Tochter einen armen Jüngling zum Ehegemahl wählt.
Die Schwanenfrau ist hier in unserem Märchen zunächst die Geliebte des Schwanenbräutigams und dann des Jägers, der ihren Flügel verletzt und ihr Kleid raubt, so daß sie bei ihm bleiben muß, bis sie, von Sehnsucht getrieben, ihr Schwanenkleid wiederfindet und zu ihrem Liebsten zurückkehrt.
Auch in der österreichischen Sage ›Die Perlenschnur‹ tritt die Seejungfrau als Schwanenfrau auf. Sie ist nicht selbst die Braut, sondern erscheint dem Bräutigam und bringt ihm den bräutlichen Schmuck für sein Mädchen: die Perlen als meergewachsene Kostbarkeit der Wasserfrauen. Auch die Schöne Lau hängt ja dem Burschen eine Perlenschnur an das Lot!
Der Gestaltwandel der Wasserfrau zum Schwan wird häufig in den Nixenmärchen erwähnt. Auch die ›Zarin Frosch‹, von dem unsterblichen Koschtschej zur »Wasser-Frosch-Frau« verzaubert, kann ihre Schwestern, die Schwäne, auf dem Teich herbeirufen, ja sie muß selbst zum Schwan werden, als Iwan-Zarewitsch ihr die Froschhaut entwendet.
Dieses bildkräftige russische Märchen aus der Sammlung Afanasiev wurde von Sigrid Früh neu und feinfühlig für diese Sammlung erzählt.
›Die Seefräulein vom Mummelsee‹, die ins Dorf zum Tanz gehen und sich dort ihre Liebsten suchen, werden auf das furchtbarste bestraft, sie müssen sterben. Mörike kannte diese Sage und gestaltete sie in seinem Gedicht »Die Geister am Mummelsee«.
Das irische Märchen ›Prinzessin Springwasser‹ erzählt von der Entstehung des Sees in Cork. Durch den Fall der Prinzessin in den Brunnen werden die langverschlossenen Schleusen geöffnet: sie selbst ist die Ursache des nimmerendenwollenden Quells. – Eichendorffs Gedicht »Meeresstille« enthält dasselbe Motiv.
Auch ›Der Ring‹, ein romantisches Kunstmärchen von Joseph von Eichendorff (1788–1857), ist von düster-

schwermütiger Tonart: Es handelt sich hier nicht um ein selbständiges Märchen, sondern um eine »Märcheneinlage« in einen komplexen Roman (›Ahnung und Gegenwart‹), die ihrerseits nicht Selbstzweck, sondern symbolische Deutung des Gesamtzusammenhangs ist.
Eichendorff schuf jene eigentümliche Stimmungs- und Seelenlandschaft, die wir in der Verzauberung der Ida durch den Wassermann wiedererkennen. Ida muß dem Wassermann verfallen und damit dem Wasser als Element, dem Bösen, Unheimlichen – dem Widergöttlichen. Ida hat das väterliche Erbe, den Glücks- und Schutzring, verschmäht und wird nun in die Tiefen des Wassers gezogen. Die Erscheinungen der Natur symbolisieren Idas Seelenzustand: die schwarzen Vögel, die kühle Luft, die düsteren Wolken, der finstere Grund, das verödete Schloß. Nun ist sie zur Wasserfrau, zur Nixe verbannt. In stürmischen Nächten taucht sie aus den Wellen auf, und man sieht ihren Nixenleib.

Volks- und Kunstballaden gestalten eindrucksvoll dieses Verfallensein an das dämonische Wasserreich. Es besteht eine deutliche Verwandtschaft zum Volks- und Kunstmärchen.

Melusinen und Seejungfrauen

Eine dramatische Zuspitzung des Ausgeliefertseins an die elementaren Kräfte der Natur bilden das Thema der *erlösungsbedürftigen* Wasserfrau, die Gestalten der *Melusine*, der *Undine*, der Verdammten und Seelenlosen, die sich nach einer Erlösung sehnen. Die durch ein Tabugebot Gebannte wartet voll Sehnsucht auf ihre Befreiung. Nur die Liebe eines menschlichen Gemahls kann sie von der Mißgestalt, dem fischschuppigen Schwanze und der seelenlosen Existenz erlösen. Treuebruch (Undine) und Verletzung des Tabus (Melusine) führt beide in Verdammnis und Tod. Das berühmteste Melusinenmärchen ist ›Die Geschichte der edlen und schönen Melusina, welche ein Meerwunder und des Königs Helmas Tochter war‹.

Die älteste Fassung der Melusinensage ist die ›Histoire de Lusignan‹ des Jean D'Arras (14. Jh.). Diese Chronik berichtet von einer Melusine, Tochter einer Fee Persine, die von ihrem Gatten beleidigt wurde und ihn dann verlassen hat. Der Versuch Melusines, die Tat des Vaters zu sühnen, wird von der Mutter bestraft: Melusine muß sich sonnabends in ein Schlangenweib verwandeln, bis ein liebender Gemahl sie gewinne. Er muß ihr aber versprechen, sie an diesem Tag zu meiden. Bricht er das Versprechen, so ist sie auf ewig verdammt.
Die vorliegende gekürzte Volksbuchfassung von Thüring von Ringoltingen (1456) ist eine Prosaübersetzung eines französischen Versgedichts (1401). Dieses Volksbuch war im 15. Jahrhundert ein Bestseller. Es war der erste deutsche Prosaroman. Ringoltingen hat diesen französischen Erzählstoff gewählt, weil er in ihm eine für seine Zeit typische Mischung aus Mythisch-Märchenhaftem und Historischem entdeckte. Im 15. Jahrhundert sah man in der Gestalt der Nixe Melusine (»merfaye«) eine Realität; Ringoltingen berichtet, daß verschiedene Adelsgeschlechter, z. B. das Haus Lusignan, von der Melusine, dem fischschwänzigen, schönen Weibe, abstammten, die sie seither als Schlangenweib in ihrem Wappen verewigten:

»das sü in ierem wappen fürend
Melussinen, die merfayen.«

Auch in späteren Zeiten finden wir die Nixe als Wappensymbol. So ist auf dem Grabstein des Johann Caspar Frech aus dem fränkischen Marktbreit eine Nixe zu erkennen, die von zwei Putten getragen wird, und neben dem Brautportal der St. Sebalduskirche in Nürnberg ist eine doppelschwänzige, sich akrobatisch wiegende Nixe abgebildet.
Eine schwäbische Sage, ›Die Schlangenfrau vom Oselberg‹, kündet von der verdammten Jungfrau in »erschrecklicher« Schlangengestalt, die um das Schloß schwebe.
Im Erzählton des Märchens finden wir den umfangreichen Stoff der Melusinensage in einem Volksmärchen aus dem Harz: ›Die Wasserjungfer‹. Dieses Märchen beinhaltet in

originell volkstümlicher Weise die Melusinensage in der Szenerie der Harzlandschaft.

Melusinenmärchen sind Varianten zu einem weitverbreiteten Märchenmotiv: Die Verbindung eines übernatürlichen dämonischen Wesens mit einem Sterblichen und dessen Scheitern durch die Verletzung eines Tabus. Insofern ist das Undinenmärchen dem Melusinenmärchen sehr verwandt, der Geliebte weiß jedoch von der übernatürlichen Herkunft seiner Gemahlin. Nicht die Verletzung des Tabus, sondern der Treuebruch führt zu Trennung und Tod.

Ein solches »Undinenmärchen« ist das Märchen aus Lothringen: ›Die schöne Brunnenfrau‹. Es gestaltet die alte Stauffenbergsage, die auch den Erzählkern zu de la Motte-Fouqués »Undine« bildet, in neuer Form. Die ›Sage vom Stauffenberger‹, auf die bereits Paracelsus in seinem zitierten Werk ›Liber de Nymphis‹ hinweist, ist aus dem 14. Jahrhundert überliefert und berichtet von einem Ritter Stauffenberg, der die Wasserfrau heimlich heiratet, mit der Bedingung, er dürfe niemandem von ihrer geheimen Verbindung erzählen und niemals heiraten. Sie kann auf Grund ihrer Zauberkräfte immer bei ihm sein, und sie leben glücklich, bis er zu einer Heirat mit einer anderen Dame gezwungen wird und Melusine die Treue bricht. 1806 veröffentlichte Achim v. Arnim in ›Des Knaben Wunderhorn‹ sieben Romanzen: ›Ritter Peter von Stauffenberg und die Meerfeye‹.

Paracelsus, der über die wahre Existenz der Wasserfrauen und deren mögliche Heirat mit Sterblichen philosophierte, warnt:

> »er gäbe aber acht, daß er kein anderes Weib mehr nehme, denn wenn das geschieht, muß er sein Leben geben... denn die Ehe ist nicht geschieden, sondern bestehet fort.«

Sie muß sodann an

> »jedem Samstag in einen Wurm sich verwandeln, ... denn das hat sie dem Beelzebub versprochen.«

Die ›Rache der Melusine‹ ist ein Märchen, das die mittelalterliche »Wurm-Drachengestalt« der Nixe, so wie sie

Paracelsus beschreibt, unverfälscht wiedergibt. Ein rätselhaft tiefgründiges Märchen ist ›Die grüne Jungfer‹. Sie ist auch ein erlösungsbedürftiges Wasserwesen, jedoch nicht im Sinne der Melusinen und Undinen. In einer tiefenpsychologischen Deutung des Märchens heißt es:

»Die grüne Jungfer ist aber auch ganz und gar eine Figur aus einem jenseitigen Bereich, eine ›Göttin‹. ... Ein weiteres Merkmal wird uns durch die Tatsache signalisiert, daß das Mädchen sie als ›Mutter‹ anredet. Sie ist also eine *Muttergöttin*! Wie es sich gehört, wenn man einer solchen Gestalt begegnet, erschrecken Vater und Tochter.« (Verena Kast)

Der Erlösungs- und Wandlungsprozeß wird hier in der Metaphernsprache und Farbsymbolik des Märchens bildkräftig ausgedrückt: Die Farbe »grün« (unreif) wandelt sich in »gold« (reif), das Starre, Tote, Eisige erwacht zu neuem Leben.

Zum Schluß möchte ich all denjenigen danken, die zum Gelingen dieses Buches beigetragen haben.

Der Märchenerzählerin *Sigrid Früh* bin ich verpflichtet für ihre unermüdliche Hilfe und ihren sachkundigen Rat. Sie hat für diesen Band drei Märchen aus Rußland, Polen und Lothringen neu bearbeitet und erzählt. Die Kunsthistorikerin *Maria Schwelien* unterstützte die vorliegende Arbeit wesentlich, indem sie durch ihre kunsthistorische Beratung mir wichtige Hinweise geben konnte und manche Reise zur Entdeckung weiterer Nixen-Darstellungen in Kirchen und anderen historischen Gebäuden anregte. – Der Künstlerin *Hedwig Goller* danke ich ganz besonders für die Illustration des Buches. Die fünf Scherenschnitte in Originalgröße wurden eigens dafür entworfen. Sie interpretieren in schöpferischer Nachempfindung den Sinngehalt der Märchen und zeigen die vielfältigen Gestalten der Wasserfrauen: die Nixen, die schöne Lau, die Sirenen, die Schwanenjungfrau und die Melusine.

Dettenhausen/Tübingen,
im Februar 1987 *Barbara Stamer*

Wasserfrauen und Seeweibchen

Die Märchen dieses Kapitels zeigen die Gestalt der *mütterlichen* Wasserfrau. Sie taucht aus dem Wasserreich auf und zeigt sich zu richtiger Zeit helfend dem Menschen, spendet Schutz und Segen und beschenkt mit kostbaren Gaben.

Sie trägt Merkmale des Archetyps der *Guten Mutter*, welche die Gebärende, Schöpferische, Erhaltend-Schützende ist. Sie ist die Lebensgöttin: Deshalb wird in den Nixenmärchen die Wasserfrau meist mit dem Thema »Geburt und Kind« in Verbindung gebracht.

Die schöne Lau HGoller 87

DIE HISTORIE VON DER SCHÖNEN LAU

Der Blautopf – wenn ihn meine Leser nicht längst kennen – ist der große runde Kessel eines wundersamen Quells bei einer jähen Felsenwand gleich hinter dem Kloster. Gen Morgen sendet er ein Flüßchen aus, die Blau, welche der Donau zufällt. Dieser Teich ist einwärts wie ein tiefer Trichter, sein Wasser von Farbe ganz blau, sehr herrlich, mit Worten nicht wohl zu beschreiben; wenn man es aber schöpft, sieht es ganz hell in dem Gefäß.
Zu unterst auf dem Grund saß ehemals – lang vor Seppe's Zeiten – eine Wasserfrau mit langen fließenden Haaren. Ihr Leib war allenthalben wie eines schönen natürlichen Weibs, dies eine ausgenommen, daß sie zwischen den Fingern und Zehen eine Schwimmhaut hatte, blühweiß und zärter als ein Blatt von Mohn. Im Städtlein ist noch heutzutag ein alter Bau, vormals ein Frauenkloster, hernach zu einer großen Wirtschaft eingerichtet, und hieß darum der Nonnenhof. Dort hing vor sechzig Jahren noch ein Bildnis von dem Wasserweib, trotz Rauch und Alter noch wohl kenntlich in den Farben. Da hatte sie die Hände kreuzweis auf die Brust gelegt, ihr Angesicht sah weißlich, das Haupthaar schwarz, die Augen aber, welche sehr groß waren, blau. Beim Volk hieß sie die arge Lau im Topf, auch wohl die schöne Lau. Gegen die Menschen erzeigte sie sich bald böse, bald gut. Zuzeiten, wenn sie im Unmut den Gumpen übergehen ließ, kam Stadt und Kloster in Gefahr, dann brachten ihr die Bürger in einem feierlichen Aufzug oft Geschenke, sie zu begütigen, als: Gold- und Silbergeschirr, Becher, Schalen, kleine Messer und andre Dinge; dawider zwar, als einen heidnischen Gebrauch und Götzendienst, die Mönche redlich eiferten, bis derselbe auch endlich ganz abgestellt worden. So feind darum die Wasserfrau dem Kloster war, geschah es doch nicht selten, wenn Pater Emeran die Orgel drüben schlug und kein Mensch in der Nähe war, daß sie am lichten Tag mit halbem Leib heraufkam und zuhorchte; dabei trug

sie zuweilen einen Kranz von breiten Blättern auf dem Kopf und auch dergleichen um den Hals.

Ein frecher Hirtenjung belauschte sie einmal in dem Gebüsch und rief: Hei, Laubfrosch! git's gu^{a}t Wetter? Geschwinder als ein Blitz und giftiger als eine Otter fuhr sie heraus, ergriff den Knaben beim Schopf und riß ihn mit hinunter in eine ihrer nassen Kammern, wo sie den ohnmächtig gewordenen jämmerlich verschmachten und verfaulen lassen wollte. Bald aber kam er wieder zu sich, fand eine Tür und kam, über Stufen und Gänge, durch viele Gemächer in einen schönen Saal. Hier war es lieblich, glusam mitten im Winter. In einer Ecke brannte, indem die Lau und ihre Dienerschaft schon schlief, auf einem hohen Leuchter mit goldenen Vogelfüßen als Nachtlicht eine Ampel. Es stand viel köstlicher Hausrat herum an den Wänden, und diese waren samt dem Estrich ganz mit Teppichen staffiert, Bildweberei in allen Farben. Der Knabe hurtig nahm das Licht herunter von dem Stock, sah sich in Eile um, was er noch sonst erwischen möchte, und griff aus einem Schrank etwas heraus, das stak in einem Beutel und war mächtig schwer, deswegen er vermeinte, es sei Gold; lief dann und kam vor ein erzenes Pförtlein, das mochte in der Dicke gut zwo Fäuste sein, schob die Riegel zurück und stieg eine steinerne Treppe hinauf in unterschiedlichen Absätzen, bald links, bald wieder rechts, gewiß vierhundert Stufen, bis sie zuletzt ausgingen und er auf ungeräumte Klüfte stieß; da mußte er das Licht dahinten lassen und kletterte so mit Gefahr seines Lebens noch eine Stunde lang im Finstern hin und her, dann aber brachte er den Kopf auf einmal aus der Erde. Es war tief Nacht, und dicker Wald um ihn. Als er nach vielem Irregehen endlich mit der ersten Morgenhelle auf gänge Pfade kam und von dem Felsen aus das Städtlein unten erblickte, verlangte ihn am Tag zu sehen, was in dem Beutel wäre; da war es weiter nichts als ein Stück Blei, ein schwerer Kegel, spannenlang, mit einem Öhr an seinem oberen Ende, weiß vor Alter. Im Zorn warf er den Plunder weg, ins Tal hinab, und sagte nachher weiter niemand von dem Raub, weil er sich dessen schämte. Doch kam von ihm die erste Kunde von der Wohnung der Wasserfrau unter die Leute.

Nun ist zu wissen, daß die schöne Lau nicht hier am Ort zu Hause war; vielmehr war sie, als eine Fürstentochter, und zwar von Mutterseiten her halbmenschlichen Geblüts, mit einem alten Donaunix am Schwarzen Meer vermählt. Ihr Mann verbannte sie, darum, daß sie nur tote Kinder hatte. Das aber kam, weil sie stets traurig war, ohn einige besondere Ursach. Die Schwiegermutter hatte ihr geweissagt, sie möge eher nicht eines lebenden Kindes genesen, als bis sie fünfmal von Herzen gelacht haben würde. Beim fünften Male müßte etwas sein, das dürfe sie nicht wissen, noch auch der alte Nix. Es wollte aber damit niemals glücken, soviel auch ihre Leute deshalb Fleiß anwendeten; endlich da mochte sie der alte König ferner nicht an seinem Hofe leiden und sandte sie an diesen Ort, unweit der obern Donau, wo seine Schwester wohnte. Die Schwiegermutter hatte ihr zum Dienst und Zeitvertreib etliche Kammerzofen und Mägde mitgegeben, so muntere und kluge Mädchen, als je auf Entenfüßen gingen (denn was von dem gemeinen Stamm der Wasserweiber ist, hat rechte Entenfüße); die zogen sie, pur für die Langeweile, sechsmal des Tages anders an – denn außerhalb dem Wasser ging sie in köstlichen Gewändern, doch barfuß –, erzählten ihr alte Geschichten und Mären, machten Musik, tanzten und scherzten vor ihr. An jenem Saal, darin der Hirtenbub gewesen, war der Fürstin ihr Gaden oder Schlafgemach, von welchem eine Treppe in den Blautopf ging. Da lag sie manchen lieben Tag und manche Sommernacht, der Kühlung wegen. Auch hatte sie allerlei lustige Tiere, wie Vögel, Küllhasen und Affen, vornehmlich aber einen possigen Zwerg, durch welchen vormals einem Ohm der Fürstin war von ebensolcher Traurigkeit geholfen worden. Sie spielte alle Abend Damenziehen, Schachzagel oder Schaf und Wolf mit ihm; so oft er einen ungeschickten Zug getan, schnitt er die raresten Gesichter, keines dem andern gleich, nein, immer eines ärger als das andere, daß auch der weise Salomo das Lachen nicht gehalten hätte, geschweige denn die Kammerjungfern oder du selber, liebe

Leserin, wärst du dabei gewesen; nur bei der schönen Lau schlug eben gar nichts an, kaum daß sie ein paarmal den Mund verzog.
Es kamen alle Jahr um Winters Anfang Boten von daheim, die klopften an der Halle mit dem Hammer, da frugen dann die Jungfern:

Wer pochet, daß einem das Herz erschrickt?

Und jene sprachen:

Der König schickt!
Gebt uns wahrhaftigen Bescheid,
Was Guts ihr habt geschafft die Zeit.

Und sie sagten:

Wir haben die ferndigen Lieder gesungen,
Und haben die ferndigen Tänze gesprungen,
Gewonnen war es um ein Haar! –
Kommt, liebe Herren, übers Jahr.

So zogen sie wieder nach Haus. Die Frau war aber vor der Botschaft und darnach stets noch einmal so traurig.
Im Nonnenhof war eine dicke Wirtin, Frau Betha Seysolffin, ein frohes Biederweib, christlich, leutselig, gütig; zumal an armen reisenden Gesellen bewies sie sich als eine rechte Fremdenmutter. Die Wirtschaft führte zumeist ihr ältester Sohn, Stephan, welcher verehlicht war; ein anderer, Xaver, war Klosterkoch, zwo Töchter noch bei ihr. Sie hatte einen kleinen Küchengarten vor der Stadt, dem Topf zunächst. Als sie im Frühjahr einst am ersten warmen Tag dort war und ihre Beete richtete, den Kappis, den Salat zu säen, Bohnen und Zwiebel zu stecken, besah sie sich von ungefähr auch einmal recht mit Wohlgefallen wieder das schöne blaue Wasser überm Zaun und mit Verdruß daneben einen alten garstigen Schutthügel, der schändete den ganzen Platz; nahm also, wie sie fertig war mit ihrer Arbeit und das Gartentürlein hinter sich zugemacht hatte, die Hacke noch einmal, riß flink das gröbste Unkraut aus, erlas etliche Kürbiskern' aus ihrem Samenkorb und steckte hin und wieder

einen in den Haufen. (Der Abt im Kloster, der die Wirtin, als eine saubere Frau, gern sah – man hätte sie nicht über vierzig Jahr geschätzt, er selber aber war gleich ihr ein starkbeleibter Herr –, stand just am Fenster oben und grüßte herüber, indem er ihr mit dem Finger drohte, als halte sie zu seiner Widersacherin.) Die Wüstung grünte nun den ganzen Sommer, daß es eine Freude war, und hingen dann im Herbst die großen gelben Kürbis an dem Abhang nieder bis zu dem Teich.

Jetzt ging einstmals der Wirtin Tochter, Jutta, in den Keller, woselbst sich noch von alten Zeiten her ein offener Brunnen mit einem steinernen Kasten befand. Beim Schein des Lichts erblickte sie darinne mit Entsetzen die schöne Lau, schwebend bis an die Brust im Wasser; sprang voller Angst davon und sagts der Mutter an; die fürchtete sich nicht und stieg allein hinunter, litt auch nicht, daß ihr der Sohn zum Schutz nachfolgte, weil das Weib nackt war.

Der wunderliche Gast sprach diesen Gruß:

Die Wasserfrau ist kommen
Gekrochen und geschwommen,
Durch Gänge steinig, wüst und kraus,
Zur Wirtin in das Nonnenhaus.
Sie hat sich meinethalb gebückt,
Mein Topf geschmückt
Mit Früchten und mit Ranken,
Das muß ich billig danken.

Sie hatte einen Kreisel aus wasserhellem Stein in ihrer Hand, den gab sie der Wirtin und sagte: nehmt dieses Spielzeug, liebe Frau, zu meinem Angedenken. Ihr werdet guten Nutzen davon haben. Denn jüngsthin habe ich gehört, wie Ihr in Eurem Garten der Nachbarin klagtet, Euch sei schon auf die Kirchweih angst, wo immer die Bürger und Bauern zu Unfrieden kämen und Mord und Totschlag zu befahren sei. Derhalben, liebe Frau, wenn wieder die trunkenen Gäste bei Tanz und Zeche Streit beginnen, nehmt den Topf zur Hand und dreht ihn vor der Tür des Saals im Öhrn, da wird man hören durch das ganze Haus ein mächtiges und herrliches Getöne, daß alle gleich die Fäuste werden sinken lassen und guter Dinge sein, denn jählings ist ein jeder nüchtern und gescheit geworden. Ist es an dem, so werfet Eure Schürze auf den Topf, da wickelt er sich alsbald ein und lieget stille.

So redete das Wasserweib. Frau Betha nahm vergnügt das Kleinod samt der goldenen Schnur und dem Halter von Ebenholz, rief ihrer Tochter Jutta her (sie stand nur hinter dem Krautfaß an der Staffel), wies ihr die Gabe, dankte und lud die Frau, so oft die Zeit ihr lang wär', freundlich ein zu fernerem Besuch; darauf das Weib hinabfuhr und verschwand.

Es dauerte nicht lang, so wurde offenbar, welch einen Schatz die Wirtschaft an dem Topf gewann. Denn nicht allein, daß er durch seine Kraft und hohe Tugend die übeln Händel allezeit in einer Kürze dämpfte, er brachte auch dem Gasthaus bald erstaunliche Einkehr zuwege. Wer in die Gegend kam, gemein oder vornehm, ging ihm zulieb; insonderheit kam bald der Graf von Helfenstein, von Wirtemberg und etliche große Prälaten; ja ein berühmter Herzog aus Lombardenland, so bei dem Herzoge von Bayern gastweis war und dieses Wegs nach Frankreich reiste, bot vieles Geld für dieses Stück, wenn es die Wirtin lassen wollte. Gewiß auch war in keinem andern Land seinesgleichen zu sehn und zu hören. Erst, wenn er anhub sich zu drehen, ging es doucement her, dann klang es stärker und stärker, so hoch wie tief, und immer herrlicher, als wie der Schall von vielen Pfeifen, der quoll und stieg durch alle Stockwerke bis unter das Dach und bis in den Keller, dergestalt, daß alle Wände, Dielen, Säulen und Geländer schienen davon erfüllt zu sein, zu tönen und zu schwellen. Wenn nun das Tuch auf ihn geworfen wurde und er ohnmächtig lag, so hörte gleichwohl die Musik sobald nicht auf, es zog vielmehr der ausgeladene Schwall mit starkem Klingen, Dröhnen, Summen noch wohl bei einer Viertelstunde hin und her.

Bei uns im Schwabenland heißt so ein Topf aus Holz gemeinhin eine Habergeis; Frau Betha ihrer ward nach seinem vornehmsten Geschäfte insgemein genannt der Bauren-

Schwaiger. Er war gemacht aus einem großen Amethyst, deß' Name besagen will: wider den Trunk; weil er den schweren Dunst des Weins geschwinde aus dem Kopf vertreibt, ja schon von Anbeginn dawider tut, daß einen guten Zecher das Selige berühre; darum ihn auch weltlich und geistliche Herren sonst häufig pflegten am Finger zu tragen.

Die Wasserfrau kam jeden Monat einmal, auch je und je unverhofft zwischen der Zeit, weshalb die Wirtin eine Schelle richten ließ, oben im Haus, mit einem Draht, der lief herunter an der Wand beim Brunnen, damit sie sich gleichbald anzeigen konnte. Also ward sie je mehr und mehr zutunlich zu den wackeren Frauen, der Mutter samt den Töchtern und der Söhnerin.

Einsmals an einem Nachmittag im Sommer, da eben keine Gäste kamen, der Sohn mit den Knechten und Mägden hinaus in das Heu gefahren war, Frau Betha mit der Ältesten im Keller Wein abließ, die Lau im Brunnen aber Kurzweil halben dem Geschäft zusah und nun die Frauen noch ein wenig mit ihr plauderten: da fing die Wirtin an: Mögt Ihr Euch denn einmal in meinem Haus und Hof umsehn? Die Jutta könnte Euch etwas von Kleidern geben; ihr seid von einer Größe.

Ja, sagte sie, ich wollte lange gern die Wohnungen der Menschen sehn, was alles sie darin gewerben, spinnen, weben, ingleichen auch wie Eure Töchter Hochzeit machen und ihre kleinen Kinder in der Wiege schwenken.

Da lief die Tochter fröhlich mit Eile hinauf, ein rein Leintuch zu holen, bracht es und half ihr aus dem Kasten steigen, das tat sie sonder Mühe und lachenden Mundes. Flugs schlug ihr die Dirne das Tuch um den Leib und führte sie bei ihrer Hand eine schmale Stiege hinauf in der hintersten Ecke des Kellers, da man durch eine Falltür oben gleich in der Töchter Kammer gelangt. Allda ließ sie sich trocken machen und saß auf einem Stuhl, indem ihr Jutta die Füße abrieb. Wie diese ihr nun an die Sohle kam, fuhr sie zurück und kicherte. Wars nicht gelacht? frug sie selber sogleich. – Was anders? rief das Mädchen und jauchzte: gebenedeitet

sei uns der Tag! ein erstes Mal wär es geglückt! – Die Wirtin hörte in der Küche das Gelächter und die Freude, kam herein, begierig, wie es zugegangen, doch als sie die Ursach vernommen – du armer Tropf, so dachte sie, das wird ja schwerlich gelten! – ließ sich indes nichts merken, und Jutta nahm etliche Stücke heraus aus dem Schrank, das Beste, was sie hatte, die Hausfreundin zu kleiden. Seht, sagte die Mutterr: sie will wohl aus Euch eine Susann Preisnestel machen. – Nein, rief die Lau in ihrer Fröhlichkeit: laß mich die Aschengruttel sein in deinem Märchen! – nahm einen schlechten runden Faltenrock und eine Jacke; nicht Schuh noch Strümpfe litt sie an den Füßen, auch hingen ihre Haare ungezöpft bis auf die Knöchel nieder. So strich sie durch das Haus von unten bis zu oberst, durch Küche, Stuben und Gemächer. Sie verwunderte sich des gemeinsten Gerätes und seines Gebrauchs, besah den rein gefegten Schenktisch und darüber in langen Reihen die zinnenen Kannen und Gläser, alle gleich gestürzt, mit hängendem Deckel, dazu den kupfernen Schwenkkessel samt der Bürste, und mitten in der Stube an der Decke der Weber Zunftgeschmuck, mit Seidenband und Silberdraht geziert, in dem Kästlein von Glas. Von ungefähr erblickte sie ihr eigen Bild im Spiegel, davor blieb sie betroffen und erstockt eine ganze Weile stehn, und als darauf die Söhnerin sie mit in ihre Stube nahm und ihr ein neues Spiegelein, drei Groschen wert, verehrte, da meinte sie Wunders zu haben, denn unter allen ihren Schätzen fand sich dergleichen nicht.
Bevor sie aber Abschied nahm, geschahs, daß sie hinter den Vorhang des Alkoven schaute, woselbst der jungen Frau und ihres Mannes Bett sowie der Kinder Schlafstätte war. Saß da ein Enkelein mit rotgeschlafenen Backen, hemdig und einen Apfel in der Hand, auf einem runden Stühlchen von guter Ulmer Hafnerarbeit, grünverglaset. Das wollte dem Gast außer Maßen gefallen; sie nannte es einen viel zierlichen Sitz, rümpft' aber die Nase mit eins, und da die drei Frauen sich wandten zu lachen, vermerkte sie etwas und fing auch hell zu lachen an, und hielt sich die ehrliche Wirtin den Bauch, indem sie sprach: diesmal fürwahr hat es

gegolten, und Gott schenk Euch so einen frischen Buben, als mein Hans da ist!

Die Nacht darauf, daß sich dies zugetragen, legte sich die schöne Lau getrost und wohlgemut, wie schon in langen Jahren nicht, im Grund des Blautopfs nieder, schlief gleich ein, und bald erschien ihr ein närrischer Traum.

Ihr deuchte da, es war die Stunde nach Mittag, wo in der heißen Jahreszeit die Leute auf der Wiese sind und mähen, die Mönche aber sich in ihren kühlen Zellen eine Ruhe machen, daher es noch einmal so still im ganzen Kloster und rings um seine Mauern war. Es stund jedoch nicht lange an, so kam der Abt herausspaziert und sah, ob nicht etwa die Wirtin in ihrem Garten sei. Dieselbe aber saß als eine dicke Wasserfrau mit langen Haaren in dem Topf, allwo der Abt sie bald entdeckte, sie begrüßte und ihr einen Kuß gab, so mächtig, daß es vom Klostertürmlein widerschallte, und schallte es der Turm ans Refektorium, das sagt' es der Kirche und die sagt's dem Pferdestall und der sagt's dem Fischhaus und das sagt's dem Waschhaus und im Waschhaus da riefen's die Zuber und Kübel sich zu. Der Abt erschrak bei solchem Lärm; ihm war, wie er sich nach der Wirtin bückte, sein Käpplein in Blautopf gefallen, sie gab es ihm geschwind, und er watschelte hurtig davon.

Da aber kam aus dem Kloster heraus unser Herrgott, zu sehn, was es gebe. Er hatte einen langen weißen Bart und einen roten Rock. Und frug den Abt, der ihm just in die Hände lief:

Herr Abt, wie ward Euer Käpplein so naß?

Und er antwortete:

Es ist mir ein Wildschwein am Wald
verkommen,
Vor dem hab ich Reißaus genommen;
Ich rannte sehr und schwitzet' baß,
Davon ward wohl mein Käpplein so naß.

Da hob unser Herrgott, unwirs ob der Lüge, seinen Finger auf, winkt' ihm und ging voran, dem Kloster zu. Der Abt sah hehlings noch einmal nach der Frau Wirtin um, und diese rief: ach liebe Zeit, ach liebe Zeit, jetzt kommt der gut' alt' Herr in die Prison!

Dies war der schönen Lau ihr Traum. Sie wußte aber beim Erwachen und spürte noch an ihrem Herzen, daß sie im Schlaf sehr lachte, und ihr hüpfte noch wachend die Brust, daß der Blautopf oben Ringlein schlug.

Weil es den Tag zuvor sehr schwül gewesen, so blitzte es jetzt in der Nacht. Der Schein erhellte den Blautopf ganz, auch spürte sie am Boden, es donnere weitweg. So blieb sie mit zufriedenem Gemüte noch eine Weile ruhen, den Kopf in ihre Hand gestützt, und sah dem Wetterblicken zu. Nun stieg sie auf, zu wissen, ob der Morgen etwa komme: allein es war noch nicht viel über Mitternacht. Der Mond stand glatt und schön über dem Rusenschloß, die Lüfte aber waren voll vom Würzgeruch der Mahden.

Sie meinte fast der Geduld nicht zu haben bis an die Stunde, wo sie im Nonnenhof ihr neues Glück verkünden durfte, ja wenig fehlte, daß sie sich jetzt nicht mitten in der Nacht aufmachte und vor Juttas Türe kam (wie sie nur einmal, Trostes wegen, in übergroßem Jammer nach der jüngsten Botschaft aus der Heimat, tat), doch sie besann sich anders und ging zu besserer Zeit.

Frau Betha hörte ihren Traum gutmütig an, obwohl er ihr ein wenig ehrenrührig schien. Bedenklich aber sagte sie darauf: Baut nicht auf solches Lachen, das im Schlaf geschah; der Teufel ist ein Schelm. Wenn Ihr auf solches Trugwerk hin die Boten mit fröhlicher Zeitung entließet, und die Zukunft strafte Euch Lügen, es könnte schlimm daheim ergehen.

Auf diese ihre Rede hing die schöne Lau den Mund gar sehr und sagte: Frau Ahne hat der Traum verdrossen! – nahm kleinlauten Abschied und tauchte hinunter.

Es war nah bei Mittag, da rief der Pater Schaffner im Kloster dem Bruder Kellermeister eifrig zu: Ich merk, es ist im Gumpen letz! die Arge will Euch Eure Faß wohl wieder einmal schwimmen lehren. Tut Eure Läden eilig zu, vermachet alles wohl!

Nun aber war des Klosters Koch, der Wirtin Sohn, ein lustiger Vogel, welchen die Lau wohl leiden mochte. Der dachte ihren Jäst mit einem Schnak zu stillen, lief nach seiner Kammer, zog die Bettscher aus der Lagerstätte und steckte sie am Blautopf in den Rasen, wo das Wasser auszutreten pflegte, und stellte sich mit Worten und Gebärden als einen viel getreuen Diener an, der mächtig Ängsten hätte, daß seine Herrschaft aus dem Bette fallen und etwa Schaden nehmen möchte. Da sah sie nun das Holz so recht mit Fleiß gesteckt und über das Bächlein gespreizt, kam ihr in ihrem Zorn das Lachen an, und lachte überlaut, daß man's im Klostergarten hörte.

Als sie hierauf am Abend zu den Frauen kam, da wußten sie es schon vom Koch und wünschten ihr mit tausend Freuden Glück. Die Wirtin sagte: der Xaver ist von Kindesbeinen an gewesen als wie der Zuberclaus, jetzt kommt uns seine Torheit zustatten.

Nun aber ging ein Monat nach dem andern herum, es wollte sich zum dritten- oder viertenmal nicht wieder schicken. Martini war vorbei, noch wenig Wochen, und die Boten standen wieder vor der Tür. Da ward es den guten Wirtsleuten selbst bang, ob heuer noch etwas zustande käme, und alle hatten nur zu trösten an der Frau. Je größer deren Angst, je weniger zu hoffen war.

Damit sie ihres Kummers eher vergesse, lud ihr Frau Betha einen Lichtkarz ein, da nach dem Abendessen ein halb Dutzend muntre Dirnen und Weiber aus der Verwandtschaft in einer abgelegenen Stube mit ihren Kunkeln sich zusammensetzten. Die Lau kam alle Abend in Juttas altem Rock und Kittel und ließ sich weit vom warmen Ofen weg in einem Winkel auf den Boden nieder und hörte dem Geplauder zu, von Anfang als ein stummer Gast, ward aber bald zutraulich und bekannt mit allen. Um ihretwillen machte sich Frau Betha eines Abends ein Geschäft daraus, ihr Weihnachtskripplein für die Enkel beizeiten herzurichten: die Mutter Gottes mit dem Kind im Stall, bei ihr die drei Weisen aus

Morgenland, ein jeder mit seinem Kamel, darauf er hergereist kam und seine Gaben brachte. Dies alles aufzuputzen und zu leimen, was etwa lotter war, saß die Frau Wirtin an dem Tisch beim Licht mit ihrer Brille, und die Wasserfrau mit höchlichem Ergötzen sah ihr zu, sowie sie auch gerne vernahm, was ihr von heiligen Geschichten dabei gesagt wurde, doch nicht, daß sie dieselben dem rechten Verstand nach begriff oder zu Herzen nahm, wie gern auch die Wirtin es wollte.

Frau Betha wußte ferner viel lehrreicher Fabeln und Denkreime, auch spitzweise Fragen und Rätsel; die gab sie nacheinander im Vorsitz auf zu raten, weil sonderlich die Wasserfrau von Hause aus dergleichen liebte und immer gar zufrieden schien, wenn sie es ein und das andre Mal traf (das doch nicht allzu leicht geriet). Eines derselben gefiel ihr vor allen, und was damit gemeint ist, nannte sie ohne Besinnen:

Ich bin eine dürre Königin,
Trag auf dem Haupt eine zierliche Kron,
Und die mir dienen mit treuem Sinn,
Die haben großen Lohn.

Meine Frauen müssen mich schön frisiern,
Erzählen mir Märlein ohne Zahl,
Sie lassen kein einzig Haar an mir,
Doch siehst du mich nimmer kahl.

Spazieren fahr ich frank und frei,
Das geht so rasch, das geht so fein;
Nur komm ich nicht vom Platz dabei –
Sagt, Leute, was mag das sein?

Darüber sagte sie, in etwas fröhlicher denn zuvor: wenn ich dereinstens wiederum in meiner Heimat bin, und kommt einmal ein schwäbisch Landeskind, zumal aus eurer Stadt, auf einer Kriegsfahrt oder sonst durch der Walachen Land an unsere Gestade, so ruf er mich beim Namen, dort wo der Strom am breitesten hineingeht in das Meer – versteht, zehn Meilen einwärts in dieselbe See erstreckt sich meines Mannes Reich, soweit das süße Wasser sie mit seiner Farbe färbt –, dann will ich kommen und dem Fremdling zu Rat und Hilfe sein. Damit er aber sicher sei, ob ich es bin und keine andere, die ihm schaden möchte, so stelle er dies Rätsel. Niemand aus unserem Geschlechte außer mir wird ihm darauf antworten; denn dortzuland sind solche Rocken und Rädlein, als ihr in Schwaben führet, nicht gesehn, noch kennen sie dort eure Sprache; darum mag dies die Losung sein.

Auf einen andern Abend ward erzählt vom Doktor Veylland und Herrn Conrad von Wirtemberg, dem alten Gaugrafen, in dessen Tagen es noch keine Stadt mit Namen Stuttgart gab. Im Wiesental, da wo dieselbe sich nachmals erhob, stund nur ein stattliches Schloß mit Wassergraben und Zugbrücke; von Bruno, dem Domherrn von Speyer, Conradens Oheim, erbaut, und nicht gar weit davon ein hohes steinernes Haus. In diesem wohnte dazumal mit einem alten Diener ganz allein ein sonderlicher Mann, der war in natürlicher Kunst und in Arzneikunst sehr gelehrt und war mit seinem Herrn, dem Grafen, weit in der Welt herumgereist, in heißen Ländern, von wo er manche Seltsamkeit an Tieren, vielerlei Gewächsen und Meerwundern heraus nach Schwaben brachte. In seinem Öhrn sah man der fremden Sachen eine Menge an den Wänden herum hangen: die Haut vom Krokodil sowie Schlangen und fliegende Fische. Fast alle Wochen kam der Graf einmal zu ihm; mit andern Leuten pflegte er wenig Gemeinschaft. Man wollte behaupten, er mache Gold; gewiß ist, daß er sich unsichtbar machen konnte, denn er verwahrte unter seinem Kram einen Krackenfischzahn. Einst nämlich, als er auf dem Roten Meer das Bleilot niederließ, die Tiefe zu erforschen, da zockt' es unterm Wasser, daß das Tau fast riß. Es hatte sich ein Krackenfisch im Lot verbissen und zween seiner Zähne darinne gelassen. Sie sind wie eine Schustersahle spitz und glänzend schwarz. Der eine stak sehr fest, der andere ließ sich leicht ausziehen. Da nun ein solcher Zahn, etwa in Silber oder Gold gefaßt und bei sich getragen, besagte hohe Kraft besitzt und zu den größten Gütern, so man für Geld nicht haben kann, gehört, der Doktor aber dafür hielt, es zieme eine solche Gabe niemand besser als einem weisen und wohldenkenden Gebieter, damit er überall, in seinen eigenen und Feindes Landen, sein Ohr und Auge habe, so gab er einen dieser Zähne seinem Grafen, wie er ja ohnedem wohl schuldig war, mit Anzeigung von dessen Heimlichkeit, davon der Herr nichts wußte. Von diesem Tage an erzeigte sich der Graf dem Doktor gnädiger als allen seinen Edelleuten oder Räten und hielt ihn recht als seinen lieben Freund, ließ ihm auch gern und sonder Neid das Lot zu eigen, darin der andere Zahn war, doch unter dem Gelöbnis, sich dessen ohne Not nicht zu bedienen, auch ihn vor seinem Ableben entweder ihm, dem Grafen, erblich zu verlassen oder auf alle Weise der Welt zu entrücken, wo nicht ihn gänzlich zu vertilgen. Der edle Graf starb aber um zwei Jahre eher als der Veylland und hinterließ das Kleinod seinen Söhnen nicht; man glaubt, aus Gottesfurcht und weiser Vorsicht hab ers mit in das Grab genommen oder sonst verborgen.

Wie nun der Doktor auch am Sterben lag, so rief er seinen treuen Diener Curt zu ihm ans Bett und sagte: Lieber Curt! es gehet diese Nacht mit mir zum Ende, so will ich dir noch deine guten Dienste danken und etliche Dinge befehlen. Dort bei den Büchern, in dem Fach zu unterst in der Ecke, ist ein Beutel mit hundert Imperialen, den nimm sogleich zu dir; du wirst auf Lebenszeit genug daran haben. Zum zweiten, das alte geschriebene Buch in dem Kästlein daselbst verbrenne jetzt vor meinen Augen hier in dem Kamin. Zum dritten findest du ein Bleilot dort, das nimm, verbirgs bei deinen Sachen, und wenn du aus dem Hause gehst in deine Heimat, gen Blaubeuren, laß es dein erstes sein, daß du es in dem Blautopf wirfst. – Hiermit war er darauf bedacht, daß es, ohne Gottes besondere Fügung, in ewigen Zeiten nicht in irgendeines Menschen Hände komme. Denn damals hatte sich die Lau noch nie im Blautopf blicken lassen, und hielt man selben überdies für unergründlich.

Nachdem der gute Diener jenes alles teils auf der Stelle ausgerichtet, teils versprochen, nahm er mit Tränen Abschied

von dem Doktor, welcher vor Tage noch das Zeitliche gesegnete.
Als nachher die Gerichtspersonen kamen und allen kleinen Quark aussuchten und versiegelten, da hatte Curt das Bleilot zwar beiseit' gebracht, den Beutel aber nicht versteckt, denn er war keiner von den Schlauesten, und mußte ihn dalassen, bekam auch nach der Hand nicht einen Deut davon zu sehen, kaum daß die schnöden Erben ihm den Jahreslohn auszahlten.
Solch Unglück ahnete ihm schon, als er, auch ohnedem betrübt genug, mit seinem Bündelein in seiner Vaterstadt einzog. Jetzt dachte er an nichts, als seines Herrn Befehl vor allen Dingen zu vollziehen. Weil er seit dreiundzwanzig Jahren nimmer hier gewesen, so kannte er die Leute nicht, die ihm begegneten, und da er gleichwohl einem und dem andern Guten Abend sagte, gabs ihm niemand zurück. Die Leute schauten sich, wenn er vorüber kam, verwundert an den Häusern um, wer doch da gegrüßt haben möchte, denn keines erblickte den Mann. Dies kam, weil ihm das Lot in seinem Bündel auf der linken Seite hing; ein andermal, wenn er es rechts trug, war er von allen gesehen. Er sprach aber für sich: zu meiner Zeit sind die^{a} Blaubeur^{a}m^{a}r so grob ett gwä!
Beim Blautopf fand er seinen Vetter, den Seilermeister, mit dem Jungen am Geschäft, indem er längs der Klostermauer, rückwärts gehend, Werg aus seiner Schürze spann, und weiterhin der Knabe trillte die Schnur mit dem Rad. – Gott grü^{a}ß di, Vetter Seiler! rief der Curt und klopft' ihm auf die Achsel. Der Meister guckt sich um, verblaßt, läßt seine Arbeit aus den Händen fallen und lauft, was seine Beine mögen. Da lachte der andere, sprechend: der denkt, mei' Seel, i wandele geistweis! D'Leut hant g'wiß mi für tot hi^{a}g'sait, anstatt mein' Herr^{a} – ei so schlag!
Jetzt ging er zu dem Teich, knüpfte sein Bündel auf und zog das Lot heraus. Da fiel ihm ein, er möchte doch auch wissen, ob es wahr sei, daß der Gumpen keinen Grund noch Boden habe (er wär gern auch ein wenig so ein Spiriguckes wie sein Herr gewesen), und weil er vorhin in des Seilers

Korb drei große starke Schnürbund liegen sehn, so holte er dieselben her und band das Lot an einen. Es lagen just auch frischgebohrte Teichel, eine schwere Menge, in dem Wasser bis gegen die Mitte des Topfs, darauf er sicher Posto fassen konnte, und also ließ er das Gewicht hinunter, indem er immer ein Stück Schnur an seinem ausgestreckten Arm abmaß, drei solcher Längen auf ein Klafter rechnete und laut abzählte: – 1 Klafter, 2 Klafter, 3, 4, 5, 6, 7, 8, 9, 10 – da ging der erste Schnurbund aus, und mußte er den zweiten an das Ende knüpfen, maß wiederum ab und zählte bis auf 20. Da war der andere Schnurbund gar – Heid^{a}guguk, ist dees ^{a} Ti^{a}fe! – und band den dritten an das Trumm, fuhr fort zu zählen: 21, 22, 23, 24 – Höll-Element, mei' Arm will nimme! – 25, 26, 27, 28, 29, 30 – Jetzet gu^{a}t Nacht, 's Meß hot ^{a} End! Do heißts halt, mir nex, dir nex, rappede kappede, so isch usgang^{a}! – Er schlang die Schnur, bevor er aufzog, um das Holz, darauf er stand, ein wenig zu verschnaufen, und urteilte bei sich: der Topf ist währle bod^{a}laus.

Indem der Spinnerinnen eine diesen Schwank erzählte, tat die Wirtin einen schlauen Blick zur Lau hinüber, welche lächelte; denn freilich wußte sie am besten, wie es gegangen war mit dieser Messerei; doch sagten beide nichts. Dem Leser aber soll es unverhalten sein.

Die schöne Lau lag jenen Nachmittag auf dem Sand in der Tiefe, und, ihr zu Füßen, eine Kammerjungfrau, Aleila, welche ihr die liebste war, beschnitte ihr in guter Ruh die Zehen mit einer goldenen Schere, wie von Zeit zu Zeit geschah.

Da kam hernieder langsam aus der klaren Höh ein schwarzes Ding, als wie ein Kegel, deß' sich am Anfang beide sehr verwunderten, bis sie erkannten, was es sei. Wie nun das Lot mit neunzig Schuh den Boden berührte, da ergriff die scherzlustige Zofe die Schnur und zog gemach mit beiden Händen, zog und zog, so lang, bis sie nicht mehr nachgab. Alsdann nahm sie geschwind die Schere und schnitt das Lot hinweg, erlangte einen dicken Zwiebel, der war erst gestern in den Topf gefallen und war fast eines Kinderkopfes groß, und band ihn bei dem grünen Schossen an die Schnur, damit

der Mann erstaune, ein ander Lot zu finden, als das er ausgeworfen. Derweile aber hatte die schöne Lau den Krackenzahn im Blei mit Freuden und Verwunderung entdeckt. Sie wußte seine Kraft gar wohl, und ob zwar für sich selbst die Wasserweiber oder -männer nicht viel darnach fragen, so gönnen sie den Menschen doch so großen Vorteil nicht, zumalen sie das Meer und was sich darin findet von Anbeginn als ihren Pacht und Lehn ansprechen. Deswegen denn die schöne Lau mit dieser ungefähren Beute sich dereinst, wenn sie zu Hause käme, beim alten Nix, ihrem Gemahl, Lobs zu erholen hoffte. Doch wollte sie den Mann, der oben stund, nicht lassen ohne Entgelt, nahm also alles, was sie eben auf dem Leibe hatte, nämlich die schöne Perlenschnur an ihrem Hals, schlang selbe um den großen Zwiebel, gerade als er sich nunmehr erhob; und daran war es nicht genug: sie hing zuteuerst auch die goldne Schere noch daran und sah mit hellem Aug', wie das Gewicht hinaufgezogen ward. Die Zofe aber, neubegierig, wie sich das Menschenkind dabei gebärde, stieg hinter dem Lot in die Höhe und weidete sich zwo Spannen unterhalb dem Spiegel an des Alten Schreck und Verwirrung. Zuletzt fuhr sie mit ihren beiden aufgehobenen Händen ein maler viere in der Luft herum, die weißen Finger als zu einem Fächer oder Wadel ausgespreizt. Es waren aber schon zuvor auf des Vetters Seilers Geschrei viel Leute aus der Stadt herausgekommen, die standen nun um den Blautopf her und sahn dem Abenteuer zu, bis wo die grausigen Hände erschienen; da stob mit eins die Menge voneinander und entrann.
Der alte Diener aber war von Stund an irrsch im Kopf ganzer sieben Tage und sah der Lau ihre Geschenke gar nicht an, sondern saß da, bei seinem Vetter, hinterm Ofen, und sprach des Tags wohl hundertmal ein altes Sprüchlein vor sich hin, von welchem kein Gelehrter in ganz Schwabenland Bescheid zu geben weiß, woher und wie oder wann erstmals es unter die Leute gekommen. Denn von ihm selber hatte es der Alte nicht; man gab es lang vor seiner Zeit, gleichwie noch heutigestags, den Kindern scherzweis auf, wer es ganz hurtig nacheinander ohne Tadel am öftesten hersagen könne; und lauten die Worte:

’s leit ^{a} Klötzle Blei glei bei Blaubeur^{a},
glei bei Blaubeur^{a} leit ^{a} Klötzle Blei.

Die Wirtin nannte es einen rechten Leirenbendel und sagte: wer hätte auch den mindesten Verstand da drin gesucht, geschweige eine Prophezeiung!
Als endlich der Curt mit dem siebenten Morgen seine gute Besinnung wiederfand und ihm der Vetter die kostbaren Sachen darwies, so sein rechtliches Eigentum wären, da schmunzelte er doch, tat sie in sicheren Verschluß und ging mit des Seilers zu Rat, was damit anzufangen. Sie achteten alle fürs beste, er reise mit Perlen und Schere gen Stuttgart, wo eben Graf Ludwig sein Hoflager hatte, und biete sie demselben an zum Kauf. So tat er denn. Der hohe Herr war auch nicht karg und gleich bereit, so seltene Zier nach Schätzung eines Meisters für seine Frau zu nehmen; nur als er von dem Alten hörte, wie er dazu gekommen, fuhr er auf und drehte sich voll Ärger auf dem Absatz um, daß ihm der Wunderzahn verloren sei. Ihm war vordem etwas von diesem kund geworden, und hatte er dem Doktor, bald nach Herrn Conrads Hintritt, seines Vaters, sehr darum angelegen, doch umsonst.
Dies war nun die Geschichte, davon die Spinnerinnen damals plauderten. Doch ihnen war das Beste daran unbekannt. Eine Gevatterin, so auch mit ihrer Kunkel unter ihnen saß, hätte noch gar gern gehört, ob wohl die schöne Lau das Lot noch habe, auch was sie damit tue? und red’te so von weitem darauf hin; da gab Frau Betha ihr nach ihrer Weise einen kleinen Stich und sprach zur Lau: Ja, gelt, jetzt macht Ihr Euch bisweilen unsichtbar, geht herum in den Häusern und guckt den Weibern in die Töpfe, was sie zu Mittag kochen? Eine schöne Sach um so ein Lot für fürwitzige Leute!
Inmittelst fing der Dirnen eine an, halblaut das närrische Gesetzlein herzusagen; die andern taten ein gleiches, und jede wollt es besser können, und keine brachte es zum dritten oder viertenmal glatt aus dem Mund; dadurch gab es viel Lachen. Zum letzten mußte es die schöne Lau probieren,

die Jutta ließ ihr keine Ruh. Sie wurde rot bis an die Schläfe; doch hub sie an und klüglicherweise gar langsam:

’s leit a Klötzle Blei glei bei Blaubeura.

Die Wirtin rief ihr zu, so sei es keine Kunst, es müsse gehen wie geschmiert! Da nahm sie ihren Anlauf frisch hinweg, kam auch alsbald vom Pfad ins Stoppelfeld, fuhr buntüberecks und wußte nimmer gicks noch gacks. Jetzt, wie man denken kann, gab es Gelächter einer Stuben voll, das hättet ihr nur hören sollen, und mitten draus hervor der schönen Lau ihr Lachen, so hell wie ihre Zähne, die man alle sah!
Doch unversehens, mitten in dieser Fröhlichkeit und Lust, begab sich ein mächtiges Schrecken.
Der Sohn vom Haus, der Wirt – er kam gerade mit dem Wagen heim von Sonderbuch und fand die Knechte verschlafen im Stall –, sprang hastig die Stiege herauf, rief seine Mutter vor die Tür und sagte, daß es alle hören konnten: um Gottes willen, schickt die Lau nach Haus! Hört Ihr denn nicht im Städtlein den Lärm? der Blautopf leert sich aus, die untere Gasse ist schon unter Wasser, und in dem Berg am Gumpen ist ein Getös und Rollen, als wenn die Sündflut käme! – Indem er noch so sprach, tat innen die Lau einen Schrei: das ist der König, mein Gemahl, und ich bin nicht daheim! – Hiermit fiel sie von ihrem Stuhl sinnlos zu Boden, daß die Stube zitterte. Der Sohn war wieder fort, die Spinnerinnen liefen jammernd heim mit ihren Rocken, die andern aber wußten nicht, was anzufangen mit der armen Lau, welche wie tot dalag. Eins machte ihr die Kleider auf, ein anderes strich sie an, das dritte riß die Fenster auf, und schafften doch alle miteinander nichts.
Da streckte unverhofft der lustige Koch den Kopf zur Tür herein, sprechend: ich hab mirs eingebildet, sie wär bei euch! Doch, wie ich sehe, gehts nicht allzu lustig her. Macht, daß die Ente in das Wasser kommt, so wird sie schwimmen! – Du hast gut reden! sprach die Mutter mit Beben: hat man sie auch im Keller und im Brunnen, kann sie sich unten nicht den Hals abstürzen im Geklüft? – Was Keller! rief der Sohn: was Brunnen! das geht ja freilich nicht –

laßt mich nur machen! Not kennt kein Gebot – ich trag sie in den Blautopf. – Und damit nahm er, als ein starker Kerl, die Wasserfrau auf seine Arme. Komm, Jutta – nicht heulen! – geh mir voran mit der Latern. – In Gottes Namen! sagte die Wirtin: doch nehmt den Weg hinten herum durch die Gärten: es wimmelt die Straße mit Leuten und Lichtern. – Der Fisch hat sein Gewicht! sprach er im Gehn, schritt aber festen Tritts die Stiege hinunter, dann über den Hof und links und rechts, zwischen Hecken und Zäunen hindurch.

Am Gumpen fanden sie das Wasser schon merklich gefallen, gewahrten aber nicht, wie die drei Zofen, mit den Köpfen dicht unter dem Spiegel, ängstlich hin und wieder schwammen, nach ihrer Frau ausschauend. Das Mädchen stellte die Laterne hin, der Koch entledigte sich seiner Last, indem er sie behutsam mit dem Rücken an den Kürbishügel lehnte. Da raunte ihm sein eigener Schalk ins Ohr: wenn du sie küßtest, freute dichs dein Leben lang, und könntest du doch sagen, du habest einmal eine Wasserfrau geküßt. Und eh er es recht dachte, wars geschehen. Da löschte ein Schuck Wasser aus dem Topf das Licht urplötzlich aus, daß es stichdunkel war umher, und tat es dann nicht anders, als wenn ein ganz halb Dutzend nasser Hände auf ein paar kernige Backen fiel' und wo es sonst hintraf. Die Schwester rief: was gibt es denn? – Maulschellen, heißt mans hier herum! sprach er: ich hätte nicht gedacht, daß sie am Schwarzen Meer sottige Ding auch kenneten! – Dies sagend, stahl er sich eilends davon, doch weil es vom Widerhall drüben am Kloster auf Mauern und Dächern und Wänden mit Maulschellen brazzelte, stund er bestürzt, wußte nicht recht wohin, denn er glaubte den Feind vorn und hinten. (Solch einer Witzung brauchte es, damit er sich des Mundes nicht berühme, den er geküßt, unwissend zwar, daß er es müssen tun, der schönen Lau zum Heil.)

Inwährend diesem argen Lärm nun hörte man die Fürstin in ihrem Ohnmachtsschlaf so innig lachen, wie sie damals im Traum getan, wo sie den Abt sah springen. Der Koch vernahm es noch von weitem, und ob ers schon auf sich zog,

und mit Grund, erkannte er doch gern daraus, daß es nicht weiter Not mehr habe mit der Frau.
Bald kam mit guter Zeitung auch die Jutta heim, die Kleider, den Rock und das Leibchen im Arm, welche die schöne Lau zum letztenmal heut am Leibe gehabt. Von ihren Kammerjungfern, die sie am Topf in Beisein des Mädchens empfingen, erfuhr sie gleich zu ihrem großen Trost, der König sei noch nicht gekommen, doch mög es nicht mehr lang anstehn, die große Wasserstraße sei schon angefüllt. Dies nämlich war ein breiter hoher Felsenweg, tief unterhalb den menschlichen Wohnstätten, schön grad und eben mitten durch den Berg gezogen, zwo Meilen lang von da bis an die Donau, wo des alten Nixen Schwester ihren Fürstensitz hatte. Derselben waren viele Flüsse, Bäche, Quellen dieses Gaus dienstbar; die schwellten, wenn das Aufgebot an sie erging, besagte Straße in gar kurzer Zeit so hoch mit ihren Wassern, daß sie mit allem Seegetier, Meerrossen und Wagen füglich befahren werden mochte, welches bei festlicher Gelegenheit zuweilen als ein schönes Schaugepräng mit vielen Fackeln und Musik von Hörnern und Pauken geschah.
Die Zofen eilten jetzo sehr mit ihrer Herrin in das Putzgemach, um sie zu salben, zöpfen und köstlich anzuziehen; das sie auch gern zuließ und selbst mithalf, denn sie in ihrem Innern fühlte, es sei nun jegliches erfüllt zusamt dem Fünften, so der alte Nix und sie nicht wissen durfte.
Drei Stunden wohl nachdem der Wächter Mitternacht gerufen, es schlief im Nonnenhof schon alles, erscholl die Kellerglocke zweimal mächtig, zum Zeichen, daß es Eile habe, und hurtig waren auch die Frauen und die Töchter auf dem Platz.
Die Lau begrüßte sie wie sonst vom Brunnen aus, nur war ihr Gesicht von der Freude verschönt, und ihre Augen glänzten, wie man es nie an ihr gesehen. Sie sprach: Wißt, daß mein Ehgemahl um Mitternacht gekommen ist. Die Schwieger hat es ihm voraus verkündigt ohnelängst, daß sich in dieser Nacht mein gutes Glück vollenden soll, darauf er ohne Säumen auszog, mit Geleit der Fürsten, seinem Ohm und meinem Bruder Synd und vielen Herren. Am

Morgen reisen wir. Der König ist mir hold und gnädig, als hieß ich von heute an erst sein Gespons. Sie werden gleich vom Mahl aufstehn, sobald sie den Umtrunk gehalten. Ich schlich auf meine Kammer und hierher, noch meine Gastfreunde zu grüßen und zu herzen. Ich sage Dank, Frau Ahne, liebe Jutta, Euch Söhnerin und Jüngste dir. Grüßet die nicht zugegen sind, die Männer und die Mägde. In jedem dritten Jahr wird euch Botschaft von mir; auch mag es wohl geschehn, daß ich noch bälder komme selber, da bring ich mit auf diesen meinen Armen ein lebend Merkmal, daß die Lau bei euch gelacht. Das wollen euch die Meinen allezeit gedenken, wie ich selbst. Für jetzo, wisset, liebe Wirtin, ist mein Sinn: einen Segen zu stiften in dieses Haus für viele seiner Gäste. Oft habe ich vernommen, wie Ihr den armen wandernden Gesellen Guts getan mit freier Zehrung und Herberg. Damit Ihr solchen fortan mögt noch eine weitere Handreichung tun, so werdet Ihr zu diesem Ende finden beim Brunnen hier einen steinernen Krug voll guter Silbergroschen: davon teilt ihnen nach Gutdünken mit, und will ich das Gefäß, bevor der letzte Pfennig ausgegeben, wieder füllen. Zudem will ich noch stiften auf alle hundert Jahr fünf Glückstage (denn dies ist meine holde Zahl), mit unterschiedlichen Geschenken, also, daß, wer von reisenden Gesellen der erste über Eure Schwelle tritt am Tag, der mir das erste Lachen brachte, der soll empfangen, aus Eurer oder Eurer Kinder Hand, von fünferlei Stücken das Haupt. Ein jeder, so den Preis gewinnt, gelobe, nicht Ort noch Zeit dieser Bescherung zu verraten. Ihr findet aber solche Gaben jedesmal hier nächst dem Brunnen. Die Stiftung, wisset, mache ich für alle Zeit, solang ein Glied von Eurem Stammen auf der Wirtschaft ist.

Nach diesen Worten redete sie noch manches leise mit der Wirtin und sagte zuletzt: vergesset nicht das Lot! der kleine Schuster soll es nimmermehr bekommen. – Da nahm sie nochmals Abschied und küßte ein jedes. Die beiden Frauen und die Mädchen weinten sehr. Sie steckte Jutten einen Fingerreif mit grünem Schmelzwerk an und sprach dabei: Ade, Jutta! Wir haben zusammen besondere Holdschaft gehabt,

die müsse fernerhin bestehen! – Nun tauchte sie hinunter, winkte und verschwand.
In einer Nische hinter dem Brunnen fand sich richtig der Krug samt den verheißnen Angebinden. Es war in der Mauer ein Loch mit eisernem Türlein versehen, von dem man nie gewußt, wohin es führe; das stand jetzt aufgeschlagen, und war daraus ersichtlich, daß die Sachen durch dienstbare Hand auf diesem Weg seien hergebracht worden, deshalb auch alles wohl trocken verblieb. Es lag dabei: ein Würfelbecher aus Drachenhaut, mit goldenen Buckeln beschlagen; ein Dolch mit kostbar eingelegtem Griff; ein elfenbeinen Weberschifflein; ein schönes Tuch von fremder Weberei und mehr dergleichen. Aparte aber lag ein Kochlöffel aus Rosenholz mit langem Stiel, von oben herab fein gemalt und vergoldet, den war die Wirtin angewiesen, dem lustigen Koch zum Andenken zu geben. Auch keins der andern war vergessen.
Frau Betha hielt bis an ihr Lebensende die Ordnung der guten Lau heilig, und ihre Nachkommen nicht minder. Daß jene sich nachmals mit ihrem Kind im Nonnenhof zum Besuch eingefunden, davon zwar steht nichts in dem alten Buch, das diese Geschichten berichtet, doch mag ich es wohl glauben.

Eduard Mörike

DAS BLEILOT

In dem wilden See, der etwa drei Stunden von Wildbad entfernt an der badischen Grenze liegt, gab es Seefräulein, die kamen oft nach Wildbad und spannen. Sie waren sehr schüchtern, und sobald ein Mensch sich ihnen genaht, sind sie immer in den See gesprungen. Sie sollen gewöhnlich nur bis zur »Stierhütte«, das sind drei bis vier Häuser, die eine halbe Stunde weit vom wilden See entfernt liegen, gekommen sein. Sonst hat man sie nur auf der Wasserfläche sehen und singen hören können.
Dieser See aber war unergründlich tief. Eines Tages wollte

Herzog Karl den wilden See messen und ließ eine Bleikugel an vielen hundert Ellen Faden hinunter, ohne Boden zu finden. Als er endlich die Kugel wieder heraufzog, war ein Zettel daran geheftet, auf dem standen die Worte:

Ergründest du mich,
So ersäufe ich dich.

Darauf soll der Herzog mit seiner Begleitung schnell von dannen geeilt sein.

Schwäbische Sage aus dem Schwarzwald

DER BODENLOSE SEE

Zwischen Empfingen und Nordstetten, in dem sogenannten Seewald, liegt ein kleiner See, der ist nicht zu ergründen und heißt deshalb der »bodenlose See«. An der Stelle des Sees soll früher ein Kloster gestanden sein. Die Nonnen darin führten aber ein schändliches Leben und tanzten mit den Buben aus Empfingen und Nordstetten und liebten sie. Dafür traf bei einem Gewitter ein Blitzstrahl das Kloster, worauf es mitsamt den Nonnen in die Tiefe gesunken ist. Wenn ein Unglück bevorsteht, sieht man eine kleine nackte weibliche Figur, die bis an die Brust im Wasser schwimmt, in diesem See und bemerkt deutlich, daß sie weint. Man vermutet, daß die untere Hälfte dieses Seeweibchens, die noch niemand gesehen hat, die Gestalt eines Fisches habe.

Andre sagen, auf dem Platze des Sees sei ein Wirtshaus gestanden, in welchem man immer des Sonntags getanzt und allerlei Gottloses verübt habe. Deshalb sei es versunken. In dem See aber leben drei weiße Fräulein, die seien schon oft um den See herumgewandelt und nach Empfingen zu Hochzeiten und Tänzen gekommen. Es gibt noch jetzt einen Platz in Empfingen, auf dem sonst eine alte Linde stand, der sogenannte »Tanzplatz«, wo sie oftmals getanzt haben. Einst fragte aber jemand, woher sie denn eigentlich

kämen? Da haben sie es zwar gesagt, sind aber seitdem weggeblieben.
Nur zur Adventszeit soll man sie noch immer im Seewald sehen können.

Schwäbische Sage

DAS WASCHWEIBCHEN

In der Zeit der Heuernte sah man im Böhmerwalde neben einem Teiche unter Gesträuch und Laub versteckt eine Schar tanzender und arbeitender Weiber. Sie wuschen dort leinene Kleidungsstücke. Obwohl dieser Anzug sehr schadhaft war, so verwandten sie doch alle Sorgfalt darauf.
Während so einige beschäftigt waren, ihre Kleidung zu reinigen, spielten die andern, trieben sich im Kreise herum, plätscherten im Wasser und pflogen allerlei Kurzweil.
Von einiger Entfernung durfte man ihrem Treiben zusehen; wenn man ihnen aber zu nahe kam, so erhoben sie ein großes Geschrei, rafften ihre Fetzen zusammen, stürzten sich ins Wasser und kamen erst nach langer Zeit, gewöhnlich erst im folgenden Jahre, wieder zum Vorschein.
Ein Bauer, welchem es noch nie gelungen war, die Waschweibchen in der Nähe zu sehen, weil er durch Nahekommen sie immer vertrieben hatte, dachte auf ein Mittel, sich ein Wasserweibchen so recht nahe zu betrachten. Er legte eine Schlinge, und nach einigem Warten fing er wirklich eines, welches zu seiner größten Freude sich ganz geduldig in ihr Schicksal fügte. Diese Wasserfrau war ungefähr zwei Fuß hoch, mit Linnen bedeckt, ihre blonden langen Haare wallten über ihren Nacken herab.
Besondere Freude gewährte es den Bauersleuten, daß sie sich sogleich anschickte, die Stühle zurechtzustellen, die Fenster und das Geschirr zu putzen, daß sie auskehrte und alle Geschäfte der Hauswirtschaft verrichtete. Sie behandelte alles, als wäre sie schon lange dagewesen. Sie munterte durch ihre Tätigkeit auch die Landleute auf, sich ihr Brot zu verdienen und nicht mürrisch bei der Arbeit zu

sein. Sie selbst arbeitete vom frühen Morgen bis in die späte Nacht, ohne erst irgend einen Befehl abzuwarten.
So ging es gut, den ganzen Sommer und Herbst hindurch. Der Winter nahte mit all seinen Schrecken. Die Leute, welche sich des kleinen Wesens erbarmten, wollten ihm Kleider und Schuhe machen, jedoch es weigerte sich und wollte sich nicht das Maß nehmen lassen. Die Leute dachten, wenn es keine Kleider wolle, so müsse man ihm doch wenigstens Schuhe geben. Sie bestrichen deshalb den Boden mit weichem Lehm, damit es so eine Spur von seinen Füßen zurücklasse, um darnach das Maß nehmen zu können. Wirklich gelang ihnen diese List, und dem Waschweibchen wurden die Schuhe eines Morgens vorgestellt. Als sie dieselben sah, fing sie an zu jammern und zu weinen und sagte, daß sie nicht belohnt sein wolle, für das, was sie tue. Schnell packte sie ihre Sachen zusammen und lief zur Türe hinaus.
Und niemand hat sie je wieder gesehen.

Sage aus Österreich

DIE WASSERJUNGFRAUEN UND DIE ZWERGE

In Mähren liegt wenige Stunden von der Hauptstadt des Landes das Städtchen Rossitz. Es ist umgeben von Waldungen, durch welche sich die Berritz schlängelt, die etwa eine halbe Stunde von Rossitz sich in einen großen Teich ergießt. Dieser wird Jungfrauenteich genannt, und man glaubt, er sei nicht zu ergründen.
Es hat einmal ein Fischer drei Ruderstangen aneinander gebunden und dennoch keinen Grund finden können, ja er kaufte sich sogar ein großes Knäuel Bindfaden und festigte an das eine Ende eine Bleikugel. Diese nun ließ er hinab, aber das Knäuel lief zu Ende und noch war kein Grund gefunden.
Einige Schritte von dem Teiche entfernt steht ein Felsen und

an dessen kegelförmiger Spitze befindet sich eine Öffnung, das Blutloch genannt. Nicht weit von diesem entfernt liegt ein Berg, der sogenannte Zwergenberg. Auf dessen Spitze ist ein menschenähnlicher Felsen, der Zwergstein, mit beinahe ganz ausgebildeten Formen, besonders den Händen und dem Kopfe.

In dem Teiche – so erzählt man – lebten einst mehrere Wasserjungfern. Diese warfen oft den Schiffern die Kähne um, oder umgaben sie plötzlich mit einem dichten Nebel, so daß sie aus dem Teiche, welcher damals einem kleinen See glich, nicht im Stande waren, das Ufer zu finden, bis der Nebel sie wieder verließ. Wenn die Jungfrauen in ihrer natürlichen Gestalt waren, so hatten sie einen meergrünen Körper und eben solche Zähne, zuweilen einen Schlangenleib. Die Wasserjungfrauen vermochten sich aber auch in menschliche Gestalten zu verwandeln.

Eine derselben umgab sich mit dichtem Nebel und ging nach dem Zwergenberge, um sich mit den Zwergen zu belustigen, denn sie hatte das unterirdische Treiben derselben mit ihren scharfen Augen entdeckt. (Es wagte keiner der Bewohner den Berg zu betreten, jeder hatte Furcht, ergriffen und in die unterirdischen Höhlungen geschleppt zu werden. Viele der dortigen Bauern halten es auch jetzt noch nicht für geraten, den Berg zu besteigen.) Die Zwerge nahmen jene Wasserjungfrau gütig auf, und jedesmal wurde sie von zwei Zwergen bis an das Ufer des Teiches begleitet. Dieser Besuch geschah jedoch ohne Mitwissen der Schwestern im Teiche. Als sie es erfuhren, beschlossen sie, sich für diese Zurücksetzung an der einen zu rächen.

Als sich diese einst wieder zu ihren Freunden, den Zwergen, begeben hatte, lauerten ihr die Schwestern an dem Rande des Teiches hinter einem Felsstück verborgen auf. Sie wußten die Stunde ihres Kommens, denn sie hatten es von einem treulosen Zwerge erfahren. Als nun die Wasserjungfrau anlangte, da stürzten ihre Schwestern aus dem Versteck hervor und zogen die beiden Zwerge samt ihr in die unergründlichen Tiefen des Teiches.

Am andern Tage sahen Schiffer an der Öffnung des Felsens

drei große Blasen, welche blutrot gefärbt waren, und jetzt noch behaupten die Leute, daß immer nach zwanzig Jahren dieselben wieder erscheinen. Die kreisförmige Öffnung nennen sie das Blutloch. Die drei Blasen sollen die Seelen der beiden Zwerge und der Wasserjungfrau sein. Jener Zwerg aber, welcher die Wasserjungfrau und seine Brüder auf eine solche Art dem Tode preisgegeben hatte, entging der Strafe nicht. Er ward versteinert und steht so da als ewiges Warnungszeichen.

Von den Wasserjungfrauen hört man seit jener Zeit nichts mehr. Um das Blutloch wächst alle Jahre ein bläulich grünes Kraut mit roten Blüten. Ein Teil des früher so großen Teiches ist verödet und wird das rote Moor genannt. In der umliegenden Gegend gilt er als Wetterprophet.

Die Zwerge begaben sich in das naheliegende Gebirge, wo sie sich heute noch aufhalten. Der mit Laub- und Nadelholz bedeckte Zwergenberg soll jetzt hohl und mit Wasser gefüllt sein. Wer auf seinem Gipfel sich auf den Boden legt, und das Ohr an die Erde hält, der hört ein Rauschen im Innern des Berges. Von ihm geht die Sage, daß er einst seinen Schoß öffnen und mit einer Sündflut alles umliegende Land überschwemmen werde.

Sage aus Österreich

DIE JUNGE GRÄFIN UND DIE WASSERFRAU

Es ist schon lange her, da war einmal eine Gräfin, die befand sich nicht wohl und ging deshalb an einem See spazieren. Da hörte sie im See die Wasserfrau sprechen und redete sie an, worauf die Wasserfrau hervorkam und sich mit ihr unterhielt. Auch später sprachen sich die beiden noch öfters an diesem See und wurden so vertraut miteinander, daß die Wasserfrau ihr anbot, sie wolle als Patin das Kind zur Taufe halten, das die Gräfin gerade damals zu bekommen hoffte. Dies Versprechen nahm die Gräfin auch gern an, und als sie bald darauf wirklich eine kleine Tochter bekam,

so lud sie auf einen bestimmten Tag die Wasserfrau als Patin ein.
Als der Tag da war und die Gräfin alles zur Taufe zugerichtet hatte, fehlte nur die Patin noch. Man wartete und wartete; aber immer umsonst. Endlich ging die Tür auf und die Wasserfrau trat herein mit einem großen weißen Schleier, der war aber halb naß. Sie hielt nun das Kind zur Taufe und legte ihm als Patengeschenk ein Körbchen mit drei Eiern unter's Kissen und sagte, diese Eier solle man ja recht sorgsam aufheben, die könnten dem Kinde einmal nützlich werden.
Nicht lange danach starb die Gräfin. Die Frau, welche der Graf alsdann wieder heiratete, kümmerte sich nicht viel um das Kind der frühern Frau, weil sie's nicht recht leiden konnte, und übergab es deshalb einem Kindermädchen, das konnte mit ihm machen, was es wollte, und ging oftmals mit ihm spazieren und ließ es dann ganz allein in der Nähe des Sees spielen. Da kam dann aber jedesmal die Wasserfrau und hütete es und unterhielt es und erzählte ihm allerlei hübsche Geschichten.
Da gedieh die junge Gräfin sehr wohl und war schon ziemlich erwachsen, als in einer Nacht das Schloß ihres Vaters abbrannte und er mit einem Male ein ganz armer Mann wurde.
In dieser Not flüchtete sich die junge Gräfin mit ihrem Eierkörbchen, das sie gerettet hatte, zu ihrer Patin im See und fragte diese um Rat, was sie jetzt anfangen solle. Als die Wasserfrau sah, daß die junge Gräfin die drei Eier noch hatte, so sagte sie zu ihr:
»Du bist noch reich genug; denn durch diese Eier werden dir drei Wünsche, die du tun darfst, gewährt, sie mögen so groß und so schwer sein, wie sie wollen. Indes mußt du ja nicht leichtsinnig deine Wünsche verschwenden und immer noch für den Notfall einen aufsparen.«
Sodann sagte sie ihr weiter, sie solle durch den Wald zu einer hohen Herrschaft gehen und dort als Dienstmagd sich verdingen. Ja, damit war die junge Gräfin wohl zufrieden und machte sich sogleich auf den Weg dahin.

Unterwegs aber traf sie ein Bauernmädchen, die hieß Kätterle und hatte ganz gewöhnliche Kleider an. Weil sie nun besorgt war, daß man sie in ihren vornehmen Kleidern nicht leicht als Dienstmagd nehmen würde, so fragte sie das Kätterle, ob sie nicht Lust habe, die Kleider umzutauschen und die ihrigen dafür anzuziehen? Ja, dem Kätterle war es ganz recht, und so gab die junge Gräfin ihren ganzen Anzug hin und zog dafür die Bauernkleider an. Dann wanderte sie allein weiter durch einen großen Wald und kam zu einem Schlosse, darin wohnte eine vornehme Herrschaft, bei der fragte sie an, ob man keine Dienstmagd brauche? O ja, die könnte man wohl brauchen, hieß es; allein die Gräfin sah doch gar zu jung und zu zart aus, so daß man sie anfangs nicht nehmen wollte. Weil sie indes nur sehr wenig Lohn forderte und versprach, daß sie jede Arbeit im Hause und in der Küche tun wolle, so behielt man sie endlich doch. Und da mußten nun ihre weißen Händchen die härteste Arbeit verrichten und wurden auch ganz hart und braun davon. Auch ihre Kleider sahen zuletzt von der Arbeit ganz schmierig und schmutzig aus – denn neue konnte sie sich nicht anschaffen – daß sie deshalb die Wohnzimmer der vornehmen Herrschaft niemals betreten durfte.
So waren schon sieben Jahre hingegangen, und die junge Gräfin war noch immer Dienstmagd und Küchenmädchen. Da gedachte der Sohn des Hauses sich zu verheiraten, und um sich die schönste Frau aussuchen zu können, veranstaltete er einen großen Ball, dazu wurden alle vornehmen Töchter aus der Umgegend eingeladen. Als die nun eines Abends in prächtigen Kleidern ankamen, da dachte die junge Gräfin:
»Es wäre doch schön, wenn ich auf den Ball könnte!«
Da fielen ihr plötzlich die drei Eier ein, und nachdem sie ihre Arbeit in der Küche getan hatte, nahm sie Wasser, ging auf ihr Zimmer und wusch sich und wünschte sich dann ein recht hübsches Ballkleid mit allem, was dazu gehörte. Im Augenblick war alles da. – Da zog sie es an und ging in den Ballsaal, wo die Gäste schon versammelt waren und alle das schöne unbekannte Fräulein bewunderten. Auch dem

Sohne des Hauses gefiel sie so gut, daß er sich den ganzen Abend am liebsten mit ihr unterhielt und sie bat, als sie fortging, ihm ihr Taschentuch zu schenken; das tat sie gern, und er gab ihr dann zum Andenken das seinige. Dann schlich sie sich ganz heimlich auf ihre Schlafkammer und versteckte das prächtige Ballkleid und zog wieder ihr schlechtes Küchenkleid an.

Am folgenden Tage nun sprachen die übrigen Mägde viel von dem fremden schönen Fräulein, das dem Herrn so gut gefallen habe, und die eine vermutete dies, die andere das. Das alles hörte die junge Gräfin aufmerksam mit an und war ganz still und vergnügt dabei.

Nach vier Wochen gab der junge Herr einen zweiten Ball, und wie die Mägde sich erzählten, so wollte er an diesem Abend seine Frau auswählen. Da meinte die junge Gräfin, sie möchte doch auch wohl dabei sein und konnte es nicht unterlassen, ihren zweiten Wunsch zu tun und sich für den Ball ein Kleid voll Diamanten und allem übrigen Schmuck zu wünschen. Das legte sie an und trat wieder zuletzt in den Saal. Da staunten alle Männer und Frauen noch weit mehr als das erstemal über das wunderschöne Fräulein; am meisten aber der junge Herr selbst; der wich gar nicht mehr von ihrer Seite und gestand ihr am Ende, daß er sie lieber habe als alles, was es sonst noch auf der Welt geben möge, und wenn sie ihn ebenfalls lieb haben könne, so sollte sie seine Frau werden.

Da sagte ihm aber die junge Gräfin, sie fürchte nur, es werde sein Wort ihn gereuen, sobald er erführe, wer sie sei. Allein als er sagte, sie möge sein, wer sie wolle, er habe niemanden so lieb wie sie und könne nicht mehr leben ohne sie, da willigte sie endlich ein und nahm den Ring, den er ihr gab, und gab ihm dagegen ebenfalls einen Ring, den sie von ihrem Finger zog. Zugleich wurde verabredet, daß sie in vier Wochen wiederkommen und dann wirklich seine Frau werden sollte. Darauf ging sie wieder ganz heimlich fort, so daß niemand wußte, wo sie geblieben war.

Die Mägde aber sprachen am andern Tag viel von der schönen jungen Braut und wie der junge Hausherr sie so lieb habe. Das alles hörte das Küchenmädchen gern mit an, und wenn ihr das Herz in der Brust auch zuweilen vor Freude hüpfte, so sagte sie doch niemand, was sie wußte und wer sie war.

So kam denn der Tag, wo der große Hochzeitsball gefeiert werden sollte. Da fiel es aber der jungen Gräfin mit Schrekken ein, daß sie nur noch einen einzigen Wunsch für sich übrig hatte und daß die Wasserfrau sie so dringend ermahnt hatte, doch ja noch einen Wunsch für einen Notfall aufzusparen. Deshalb glaubte sie, sie dürfe diesmal nicht auf den Ball gehen. Sie wäre zwar gar zu gern wieder hingegangen; aber sie blieb diesmal doch zu Hause.

Darüber war nun der Bräutigam ganz unglücklich, und weil er von seiner Braut gar nichts mehr hörte und sah, so wurde er krank vor Kummer. Kein Arzt konnte helfen. Er dachte immer nur an seine Braut und hätte vor Heimweh und Sehnsucht sterben mögen. Als dies die junge Gräfin von der Köchin, der sie immer helfen mußte, erfuhr, so tat es ihr herzlich leid und sie machte sich stille Vorwürfe darüber, daß sie den dritten und letzten Wunsch noch zurückbehalten hatte und nicht, ihrem Herrn zulieb, auf den Ball gegangen war. Vielleicht, meinte sie, sei er dann wohl nicht krank geworden. Jetzt aber dachte sie Tag und Nacht daran, wie sie ihm helfen und sich ihm zu erkennen geben könnte.

Da verordnete eines Tages der Arzt dem Kranken eine Suppe, und das Küchenmädchen bat die Köchin, daß sie ihr doch erlaube, diese Suppe zu kochen. Die Köchin wollte das durchaus nicht zulassen. Weil das Küchenmädchen aber so dringend und um Gottes willen bat, so ließ sie es endlich geschehen. Und nun bereitete sie die Suppe, so gut sie es nur konnte, und als sie fertig und in eine Schüssel gefüllt war, warf sie ihren Ring hinein. Dann mußte die Köchin sie dem Kranken hinbringen, denn das Küchenmädchen durfte die Zimmer des vornehmen Herrn durchaus nicht betreten. Die Suppe aber schmeckte dem Kranken so gut, daß er sie ganz aufaß. Da sah er mit einem Male unten in der Schüssel den Ring seiner Braut und war ganz glücklich und ließ sogleich die Köchin kommen und fragte, wer die Suppe gekocht und den Ring hineingetan habe? Da kam die Köchin in große Not; denn von dem Ring wußte sie nichts und gestand es endlich, daß das Küchenmädchen die Suppe zubereitet habe. Da wurde das Küchenmädchen herbeigerufen, und wie sie ins Zimmer trat, sprach der junge Hausherr:

»Also du bist es, du lumpiges, schmutziges Ding? Du hast die Suppe gekocht? Woher hast du den Ring da?«

Da antwortete ihm das Küchenmädchen sanft und schüchtern, den Ring habe ihr der gnädige Herr ja selbst geschenkt. Darauf wurde er ganz zornig und schalt sie aus und wies sie zur Stube hinaus. Dann aber befahl er, man solle genau achtgeben, was das Küchenmädchen mache und mit wem es umgehe. Das Küchenmädchen aber war ganz beschämt in ihre Schlafkammer gegangen, hatte sich gewaschen und ihr diamantenes Ballkleid angezogen. Auch das Kleid, welches sie auf dem ersten Ball getragen und das Taschentuch, welches ihr der Hausherr geschenkt hatte, nahm sie mit, und so ging sie jetzt zum Kranken.

Wie sie aber aus der Tür trat, stand ein Bedienter da, um aufzupassen, und als der die wirkliche Braut sah und erkannte, wollte er der erste sein, der es dem Herrn meldete, und stürzte in der Eile die Treppe hinunter und brach ein Bein. Ein andrer Bediensteter, der unten stand, wurde von dem Glanz der Diamanten geblendet, so daß er erblindete. Als nun das Küchenmädchen in diesem Schmuck zu dem Kranken kam, da erkannte er sogleich seine Braut und fühlte nichts mehr von seiner Krankheit. Die Braut aber sagte zu ihm:

»Da ist nun das lumpige, schmutzige Ding, das du vorher aus der Stube gewiesen hast, und das dir die Suppe gekocht und den Ring, den du ihm geschenkt, hineingeworfen hat. Habe ich nicht recht gehabt, als ich dich warnte und dir sagte, du würdest mich nicht heiraten, wenn du wüßtest, wer ich sei?«

Dann erzählte sie ihm alles, was er je mit ihr gesprochen, zeigte ihm das Kleid, das sie auf dem ersten Ball getragen, und das Taschentuch, das er ihr damals geschenkt hatte.

Da sah der junge Herr wohl, daß seine Frau eben das Küchenmädchen war und bat sie tausendmal um Verzeihung wegen der harten Worte, die er, ohne sie zu kennen, zu ihr gesprochen hatte, und er beteuerte ihr noch einmal, daß er niemand anders heiraten werde als sie.
Er hat ihr auch Wort gehalten und hat sie zur seiner Frau genommen, obwohl seine Mutter es gar nicht zugeben wollte und sehr böse war, daß er so ein verlaufenes Küchenmädchen heiratete.
Als nun die junge Gräfin ihr erstes Kindlein kriegte, und das war eine Tochter, so nahm die alte Schwiegermutter sie heimlich weg und warf sie in den See. Ebenso machte sie es später mit der zweiten Tochter. Ihrem Sohn aber sagte sie, daß seine eigene Frau die beiden kleinen Kinder umgebracht hätte. Da ward der Mann sehr zornig, und so lieb er seine Frau früher auch gehabt hatte, so böse ward er jetzt auf sie und befahl, daß sie zur Strafe in ihrem Zimmer verbrannt werden sollte.
Darauf wurde sie eingeschlossen und der große Ofen ganz glühend gemacht, und als die Frau die Hitze nicht mehr ertragen konnte, fiel es ihr ein, daß sie noch einen Wunsch habe, und sie wünschte sich sogleich ihre Patin, die Wasserfrau, herbei. Die eilte sofort herbei, löschte das Feuer im Ofen, öffnete das Zimmer und sagte:
»Deine beiden Töchter, welche die Schwiegermutter in den See geworfen hat, habe ich gerettet und aufgezogen. Ich will sie heute noch mit einem Brief ans Ufer stellen; von dort mußt du sie abholen; dann wird alles gutgehen.«
Und so geschah es denn auch. Als nun die beiden Töchter, die beide wunderschön waren, in das Schloß zu ihrem Vater kamen und dieser aus allen Zeichen genau erkannte, daß dies wirklich seine eigenen Kinder waren und daß seine Mutter es war, die sie hatte umbringen wollen, da bat er seine Gemahlin mit Tränen um Verzeihung und herzte und küßte sie vielmals vor Freude.
Die böse alte Gräfin aber mußte die Strafe erleiden, die sie der Frau ihres Sohnes hatte bereiten wollen, und darauf lebte die junge Gräfin mit ihrem Mann und ihren Kindern

immer in Frieden und Freude, und jedermann hatte sie gern; besonders gut aber hatten es die Mägde bei ihr, die früher mit ihr gedient hatten, und namentlich die alte Köchin, die ihr erlaubt hatte, die gute Suppe zu kochen.

Märchen aus Schwaben

DIE GOLDENE FESSEL

Es waren einmal zwei leibliche Schwestern namens Luceta und Troccola, welche zwei Töchter hatten, die Marziella und Puccia hießen. Marziella nun war so schön von Antlitz als von Herzen, so wie im Gegenteil das Herz und Gesicht Puccias als Beweis der Regel: »Häßliche Fratze, teuflisches Herz« dienen konnten. Jedoch glich die Tochter eben nur ihren Eltern; denn ihre Mutter Troccola war eine Harpyie und inwendig und auswendig ein Scheusal.

Es geschah nun einmal, daß Luceta einige Pastinaken abbrühen wollte, um sie mit einer grünen Brühe zuzurichten, und daher zu ihrer Tochter sagte:

»Liebe Marziella, gehe an den Brunnen, mein Kind, und hole mir einen Krug Wasser.«

»Gleich, liebe Mutter«, antwortete Marziella, »wenn du mir aber gut bist, so gib mir einen kleinen Kuchen; denn ich will ihn am Brunnen mit einem Schluck ganz frischen Wassers verzehren.«

»Sehr gern, mein Töchterchen«, versetzte Luceta, nahm aus einem Korbe, der an der Wand hing, einen schönen Kuchen und gab ihn Marziella, die alsbald mit dem Kruge nach dem Brunnen ging. Indem sie aber eben ihren Krug anfüllte, kam eine alte Frau mit einem Buckel und sprach:

»Gib mir doch ein Stückchen von deinem Kuchen, mein schönes Töchterchen, der Himmel wird es dir auch tausendfach lohnen«; worauf Marziella, welche so freigebig war wie eine Königin, zu ihr sagte:

»Da hast du ihn ganz, meine wackere Frau, und es tut mir leid, daß er nicht aus Zucker und Mandeln ist; denn

dann würde ich ihn dir nicht minder von Herzen gern geben.«
Als die Alte die Freundlichkeit Marziellas sah, rief sie aus: »Tausend Dank, mein liebes Kind, und möge der Himmel dich für deine Gutherzigkeit, die du mir erwiesen, reichlich belohnen; denn ich flehe alle Sterne an, daß du immerdar glücklich und zufrieden seiest, so daß, wenn du atmest, dir Rosen und Jasmin aus dem Munde kommen, wenn du dich kämmst, dir immer Perlen und Granaten vom Kopfe fallen, und wenn du den Fuß auf die Erde setzest, Lilien und Veilchen hervorsprießen mögen.«
Marziella dankte ihr vielmal und kehrte nach dem Hause zurück.
Am nächsten Morgen sah Marziella, indem sie sich das Haar kämmte, einen Regen von Perlen und Granaten in ihren Schoß fallen, so daß sie mit großer Freude ihre Mutter herbeirief und dann mit ihr die Kostbarkeiten in eine Kästchen packte. Luceta ging hierauf fort, um einen großen Teil derselben bei einem bekannten Pfandleiher zu verkaufen, in welcher Zeit Troccola ihre Schwester zu besuchen kam, und da sie Marziella voll Eifer und Geschäftigkeit bei den Perlen fand, so fragte sie diese, wie, wann und wo sie dieselben bekommen hätte. Marziella nun, die noch sehr unerfahren war und vielleicht nicht das Sprichwort kannte: »Iß nicht so viel, als der Magen faßt, gib auch so viel nicht aus, als du hast; tu auch nicht alles, was du vermagst, und bedenke wohl erst, was du sagst«, erzählte der Tante alles ganz ausführlich. Dieser lag nun nicht weiter daran, ihre Schwester abzuwarten, sondern jede Stunde, bis sie nach Hause zurückgekehrt war, schien ihr tausend Jahre lang.
Sie gab dann sogleich ihrer Tochter einen Kuchen und schickte sie mit einem Kruge nach Wasser an den Brunnen, woselbst diese zwar die nämliche Alte antraf, aber, von ihr um ein Stückchen Kuchen gebeten, mit mürrischer und mißgünstiger Miene antwortete:
»Habe ich weiter nichts zu tun, als dir Kuchen zu geben? Bin ich denn ein Esel, daß ich dir von dem meinigen etwas zukommen lassen soll? Ja, warte nur, ich bin mir selbst die

allernächste«; und indem sie so sprach, verputzte sie in vier Bissen den ganzen Kuchen und ließ der Alten weiter nichts als einen großen Appetit, so daß diese, den letzten Bissen verschlungen und zugleich mit dem Kuchen auch ihre Hoffnung begraben sehend, voller Zorn zu Puccia sagte: »Geh nur immer hin, denn ich flehe den Himmel an, daß, wenn du atmest, dir wie dem Maultier eines Doktors Schaum aus dem Maule triefen, wenn du dich kämmst, dir die Läuse haufenweis vom Kopfe fallen, und wo du auch deinen Fuß hinsetzest, Farnkraut und Wolfsmilch hervorkommen mögen.«

Nachdem aber Puccia das Wasser eingeschöpft und nach Hause gekehrt war, konnte es ihre Mutter gar nicht erwarten, sie zu kämmen, und indem sie sich eine reine Serviette über den Schoß breitete, legte sie den Kopf der Tochter darauf und fing an, sie zu kämmen; aber sieh da! statt der Perlen und Granaten fiel ein Strom abscheulicher Tiere herab, so daß sie bei diesem Anblick außer sich vor Zorn war.

Nach einiger Zeit nun geschah es, daß der Bruder Marziellas, namens Ciommo, der sich am Hofe des Königs von Chiunzo befand, eines Tages, als man von der Schönheit verschiedener Frauen sprach, unaufgefordert hervortrat und sagte, daß alle Schönheiten des Landes nicht bestehen könnten, wenn seine Schwester sich zeige, da sie außer der Schönheit ihres Körpers und ihrer Seele, auch noch in den Haaren, dem Munde und den Füßen eine ihr von einer Fee verliehene wunderbare Eigenschaft besäße. Als der König diese Lobeserhebungen vernahm, so sagte er zu Ciommo, er solle seine Schwester an den Hof kommen lassen, denn wenn er sie so befände, wie ihr Bruder sie pries, so würde er sie heiraten.

Ciommo, der diese günstige Gelegenheit, sein und der Seinigen Glück zu machen, nicht verlieren wollte, schickte sogleich einen Kurier an seine Mutter, meldete ihr alles und bat sie dringend, auf das schnellste mit Marziella zu ihm an den Hof zu kommen und das sich darbietende Glück sich nicht aus den Händen schlüpfen zu lassen. Da jedoch Luceta gerade krank war, so bestellte sie den Wolf zum Hüter des Lammes und bat ihre Schwester, daß sie ihr doch den Gefallen erzeigen möchte, Marziella aus der und der Ursache an den Hof von Chiunzo zu begleiten. Troccola, welche sah, daß ihre Sache ganz nach Wunsch ging, versprach ihrer Schwester, Marziella ganz wohlbehalten zu ihrem Bruder zu bringen, bestieg dann mit dieser und Puccia ein Schiff, und als sie sich mitten auf dem Meere befanden, stürzte sie, während das Schiffsvolk schlief, Marziella ins Wasser, woselbst diese, im Begriff zu ertrinken, von einer sehr schönen Sirene ergriffen und davongetragen wurde.

Als nun Troccola in Chiunzo angelangt und Puccia von Ciommo so empfangen worden war, als wäre sie Marziella gewesen, da er diese wegen der langen Zeit, die er sie nicht gesehen, nicht mehr kannte, so brachte er sie alsbald vor den König; nachdem dieser aber befohlen, sie zu kämmen, so begannen feindselige Tierchen von ihrem Kopfe herabzuregnen, und als er sie hierauf genauer betrachtete, sah er, daß sie, wegen der Anstrengung auf der Reise stärker als gewöhnlich atmend, am Mund einen Seifenschaum bekommen hatte, daß er aussah wie ein Waschfaß mit Wäsche, so wie er auch, indem er zur Erde schaute, eine Wiese mit stinkenden Kräutern bemerkte, deren Anblick ihm Ekel erweckte. Er jagte daher Puccia und ihre Mutter fort und Ciommo befahl er voll Verdruß, die Gänse seines Hofes zu hüten.

Dieser jedoch, voll Verzweiflung und gar nicht wissend, was mit ihm vorgegangen war, ließ gewöhnlich die Gänse, nachdem er sie aufs Feld getrieben, am Meeresufer umherlaufen, wie sie wollten, während er selbst sich in einer Strohhütte niederlegte und bis zur Abendzeit, wo er nach Hause kehren mußte, sein Schicksal bejammerte. Indem nun aber so die Gänse am Ufer auf und ab watschelten, kam jedesmal Marziella aus dem Wasser empor, fütterte sie mit Zuckerwerk und gab ihnen Rosenwasser zu trinken, so daß die Gänse so fett wurden wie die Hammel und fast nicht aus den Augen sehen konnten, und immer, wenn sie des Abends in einem Gärtchen anlangten, welches sich unter den Fenstern des Königs befand, fingen sie an zu singen:

Pire, pire, pire,
Sehr schön ist zwar die Sonne mit dem Monde,
Doch ist bei weitem schöner, wer uns pflegt.

Als der König jeden Abend diese Gänsemusik vernahm, so ließ er Ciommo rufen und wollte wissen, wo, wie und womit er seine Gänse füttere, worauf Ciommo ihm erwiderte:

»Ich gebe ihnen nichts anderes zu fressen als das frische Gras des Feldes.«

Der König jedoch, welchen diese Antwort nicht recht befriedigte, schickte ihm einmal einen treuen Diener nach, damit er achtgeben solle, wohin Ciommo die Gänse triebe. Dieser nun folgte ihm nach und sah, wie er in die Strohhütte trat und die Gänse sich selbst überließ, worauf diese an das Meeresufer liefen und kaum dort angelangt waren, als Marziella aus dem Meere hervorkam, so schön wie keine stieg sie aus den Wellen empor.

Nachdem nun der Diener alles gesehen, eilte er ganz außer sich vor Wunder zu dem König zurück und erzählte ihm, welch ein schönes Schauspiel er am Meeresufer gesehen, so daß die durch die Worte des Dieners erregte Neugier des Königs in diesem gleichfalls das Verlangen erweckte, den schönen Anblick zu genießen. Am Morgen ging der König ihm nach, ohne ihn auch nur einen Augenblick aus den Augen zu verlieren, und sah, sobald die Gänse ohne Ciommo, der in der Strohhütte zurückblieb, ans Meer gelangt waren, wie Marziella aus demselben hervorkam, hierauf zuerst den Gänsen einen Korb mit Zuckerwerk zu fressen und einen Napf mit Rosenwasser zu trinken gab, alsdann aber sich auf einen Stein niedersetzte und sich die Haare zu kämmen anfing, aus denen sogleich Perlen und Granaten haufenweise herabfielen, während ihr zu gleicher Zeit eine Wolke von Blumen aus dem Munde kam und unter ihren Füßen sich ein türkischer Teppich von Lilien und Veilchen bildete.

Kaum bemerkte dies der König, so ließ er unverzüglich Ciommo herbeirufen und fragte ihn, auf Marziella zeigend,

ob er jene schöne Jungfrau kenne. Ciommo erkannte nun auf der Stelle seine Schwester, eilte auf sie los, um sie zu umarmen, und vernahm in Gegenwart des Königs, wie verräterisch Troccola an ihr gehandelt hatte. Unbeschreiblich groß war die Freude des Königs über den erlangten Besitz dieser schönen Jungfrau, und sich zu ihrem Bruder wendend, sagte er, daß er mehr als dreimal soviel fände, als Ciommo ihm erzählt, und daß er daher Marziella für mehr als würdig hielte, seine Gemahlin zu werden.
»Wolle der Himmel, daß mir dieses Glück zuteil würde«, versetzte Marziella. »Siehst du denn aber nicht diese goldene Kette, die ich am Fuße trage und mit welcher mich die Zauberin gefesselt hält, so daß sie mich, wenn ich zuviel frische Luft schöpfe und zu lange an diesem Ufer zögere, an derselben ins Meer zurückzieht und mich so in einer goldenen Sklaverei gefangenhält.«
»Was ist also zu tun«, erwiderte der König, »um dich aus den Klauen der Sirene zu befreien?«
»Nichts anderes«, antwortete Marziella, »als daß diese Kette mit einer Schlichtfeile durchgefeilt und mir dann abgenommen würde.«
»Nun denn«, entgegnete der König, »erwarte mich morgen früh, ich werde mit allem Nötigen kommen und dich dann in meinen Palast bringen.«
Darauf kehrte sie in das Wasser zurück.
Am nächsten Morgen begab er sich mit Ciommo an die Küste, woselbst er Marziella bereits antraf und mit der mitgebrachten Feile eigenhändig die Kette von dem Fuß des geliebten Gegenstandes losfeilte, obwohl er zugleich sich selbst eine andere, viel stärkere an das Herz schmiedete. Indem nun hierauf der König seine Hochzeit mit großen Festlichkeiten beging, bei denen zahlreiche Fässer als Lustfeuer angezündet wurden, befahl er zugleich, Troccola in eines derselben als Pechtonne zu stecken, damit sie so für den an Marziella geübten Verrat büße. Alsdann ließ er Luceta herbeiholen und verlieh ihr und Ciommo ein Einkommen, von dem sie wie die Prinzen leben konnten, während Puccia, aus dem Lande gejagt, immer als Bettlerin umherwandern und

dafür, daß sie nicht hatte ein Stückchen Kuchen säen wollen, einen steten Mangel an Brot erdulden mußte, da es der Wille des Himmels ist, daß:
Wer kein Mitleid hat, kein Mitleid finde.

Neapolitanisches Märchen

Nixen und Sirenen

In diesem Kapitel steht die *verführerisch-betörende* Wasserfrau im Mittelpunkt, die *Nixe*, die *Sirene*, die *Lorelei*, die den Mann in die Tiefe zieht und in ihr unterirdisches Reich lockt, ihn mit ihrer Schönheit und ihrem Gesang betört. Es sind die Vogelfrauen-Sirenen des Homerischen Odysseus, die in den Nixenmärchen nachwirken: »Hellsingend haben ihn die Sirenen bezaubert« (Odyssee, B. XII). Diese Verführung durch das Mittel des Gesangs bleibt wesentliches Kernmotiv der hier angeführten Märchen.
Verfällt der Mann der Nixen-Sirene und wird ihr Gemahl, so ist er für die Menschenwelt verloren, dort im Reich der »Wasser-Mutter« herrschen andere Gesetze von Raum und Zeit. Solange er bei ihr ist, lebt er glücklich in dem Jenseitsreich des Wassers, kehrt er zurück, so muß er sterben.
Die Nixe zeigt hier deutliche Züge des Archetyps der furchtbaren Mutter, sie ist auch die Hexe, die Dämonische, die Entsetzliche, die Zerstörende, die Unentrinnbare.

Sirenen — *HGoller 87*

DER BRÄUTIGAM AUF DEM WASSER

Ein junger Mann ruderte sich in einem kleinen Boot über einen breiten Strom. Drüben stand seine Braut. Die wartete auf ihn und winkte. In der Mitte des Stromes hörte er plötzlich Hilferufe und sah im Wasser eine alte Frau. Die kämpfte gegen die Wellen und drohte unterzugehen. Aber der junge Mann achtete ihrer nicht und beeilte sich hinüberzukommen. Da verstummten die Hilferufe und die Frau versank. Doch nach kurzer Zeit tauchte sie wieder auf. In geringer Entfernung. Und war nicht mehr die alte Frau, sondern die schönste Jungfrau, weit schöner als die Braut am Ufer. Da ergriff den jungen Mann eine unwiderstehliche Sehnsucht, so daß er seine Geliebte vergaß und der Unbekannten nachfuhr, die spielend und wie ein Schwan dahinschwamm. Immer in derselben Entfernung. Stromabwärts. Sie hörte nicht auf sein Rufen, wandte nur von Zeit zu Zeit ihr bezauberndes Antlitz ihm zu.

Und der junge Mann fuhr Tage, Wochen, Jahre hinter ihr her und vermochte sie nie einzuholen.

Märchen aus der Schweiz

DIE WASSERHEXE

Im Hutzebacher See wohnte ehemals ein böses Weib; sie war besonders den Buben gefährlich; wenn einer in die Nähe kam, so packte sie ihn auf, trug ihn zum See, wo sie ihn lebendig fraß. Doch sind jetzt die Knaben von der Nixe verschont, weil sich eine Geschichte mit ihr zugetragen hat, seit welcher sie die Kinder in Ruhe läßt.

Eine Köhlersfrau hatte ein kleines Knäblein in der Wiege daheim, und war in den Wald gegangen, um Heidelbeeren für ihren Mann zu suchen. Als sie wieder heimkam, hörte sie schon von ferne ihr Kind entsetzlich schreien und fand

statt ihres Söhnleins einen gräulichen Wechselbalg in der Wiege; der hatte einen Kopf wie ein Sester, Augen wie ein Kalb, war aber sonst am ganzen Leibe mager und fahl, wälzte sich in seinem Kote und krächzte wie ein Rabe. Die Mutter war in großer Not; als aber ihr Mann heimkam, so bat sie ihn, den Unhold mit Ruten zu hauen. Das tat er denn auch, während sein Weib vor dem Hause ihr Gebet verrichtete.
Da hörte sie auf einmal ihr Söhnlein an dem See weinen, denn ihr Haus stand nahe daran; sie sprang hin und fand ihr rechtes Kind am Ufer liegen.
Ihr Mann trug darauf den Wechselbalg an dieselbe Stelle, wo sein Kind an dem See gelegen hatte. Als die Nixe das sah, fuhr sie auf den Wechselbalg los, zerriß und fraß ihn und verschwand.
Der See fing aber schrecklich an zu brausen und zu toben und man glaubt, die Nixe sei über diesen Fraß zersprungen, woher es auch komme, daß die Kinder jetzt vor ihr Ruhe haben.

Schwäbische Sage

DIE MEERESNIXE UND DIE AALE

Es war einmal eine Meeresnixe, die hatte ein betörend schönes Antlitz, und an warmen Herbstabenden sang sie so schön, sang sie so verlockend, daß jeder, der sie hörte, ihr ins Meer hinausfolgen mußte.
Und so würden noch viele hinauswaten, um sie erreichen zu können – immer weiter und weiter würden sie waten, bis der Treibsand sie erfaßte, und die Meeresaale sie in den Abgrund rissen und verschlängen.
Immer bei Ebbe, wenn die Aale bellten, sah man die Nixe in den niederen Wellen auftauchen. Ja, wenn jemand endlich das böse Treiben der Nixe beenden könnte!
Da lebte einst eine kluge und weise Frau, die hatte einen tauben Sohn. Er war ein Sonntagskind, und so hatte er die Kraft, die Meeresnixe zu bannen. Er konnte ihren Gesang

nicht hören, und da ihr Haar grün war, fand er sie nicht begehrenswert.
Als die Ebbe wieder kam, nahm er seinen Strandschlitten, erhob seinen Aalspeer und fuhr weit hinaus auf den flachen Strand. Und die Nixe sang wieder, sie sang verlockend und schön, jedoch er konnte sie nicht hören. Er aber erbeutete einen guten Fang von Aalen, denn der Schlitten trug ihn sicher durch den Treibsand, und er konnte nicht versinken. Als er zwölf Aale mit seinem Speer erlegt hatte, schrie die Nixe wild auf und verschwand in den Wellen und kam nie wieder zurück.
Ganz Stolford und Steart aß in dieser Woche nur Aalpastete!

Englisches Märchen, aus dem Englischen übersetzt von Barbara Stamer

DER VERZAUBERTE SEE

Im westlichen Irland war ein See, und ohne Zweifel ist er noch daselbst, in dem zu verschiednen Zeiten mehrere junge Leute ertranken. Was dieses Ereignis besonders merkwürdig machte, war, daß man die Leichname der Ertrunkenen niemals wiederfand. Das Volk geriet darüber in Verwunderung und allmählich erlangte der See einen schlimmen Ruf. Schreckliche Geschichten wurden erzählt, einige behaupteten, in dunkler Nacht leuchteten die Fluten wie Feuer, andere wollten schauerliche Gestalten über den See haben gleiten sehen, jedermann gab zu, daß ein seltsamer Schwefelgeruch aus ihm hervorsteige.
Es lebte in geringer Entfernung von diesem See ein junger Mann, namens Roderich Keating, Bräutigam eines der schönsten Mädchen der ganzen Gegend. Eben war er von Limerick, wo er einen Trauring gekauft hatte, im Geleit zweier oder dreier von seiner Bekanntschaft zurückkehrend, an dem Gestade des Sees angelangt, als diese mit ihm ihren Scherz zu treiben begannen. Einer erwähnte sogar, daß der junge Delaney, ein Nebenbuhler in des Bräutigams

Abwesenheit, um die Gunst der Geliebten würbe; aber Roderichs Vertrauen auf seine Verlobte war so fest, daß er, ohne im geringsten durch diese Rede beunruhigt zu werden, mit der Hand in die Tasche griff, den Trauring hervorzog und ihn bedeutungsvoll umherblickend in die Höhe hielt. Indem er so den Ring als ein wahres Siegeszeichen zwischen Zeigefinger und Daumen umdrehte, entfiel er seiner Hand und rollte in den See hinab. Roderich sah ihm mit der höchsten Bestürzung nach, weniger seines Wertes, obgleich er eine halbe Guinee dafür gegeben hatte, als der schlimmen Vorbedeutung wegen; das Wasser war so tief, daß man des Rings schwerlich wieder habhaft werden konnte.
Seine Gefährten lachten ihn aus; vergeblich suchte er durch das Anerbieten ansehnlicher Belohnung sie zu bewegen, nach dem Ring unterzutauchen, sie waren so wenig zu dem Wagstücke geneigt, als Roderich selbst; die Erzählungen, die sie als Kinder vernommen hatten, schwebten ihrem Gedächtnis vor und abergläubische Furcht erfüllte die Brust eines jeden.
»Muß ich also nach Limerick umkehren, einen andern Ring zu kaufen?« rief der junge Mann, »zehnmal soviel als der Ring kostet, will es keiner darum wagen?«
Unter den Umstehenden befand sich ein Mensch, den man allgemein für blödsinnig und nicht recht bei Troste hielt, er war aber unschuldig wie ein Kind und pflegte in der Gegend hin und her von einem Ort zum andern zu gehen. Als er so ansehnlichen Lohn ausrufen hörte, erklärte Paddin, denn das war sein Name, wolle ihm Roderich Keating geben, was er den andern verheißen hätte, so getraue er sich wohl nach dem Ring unterzutauchen. Und Paddin schaute, während er sprach, eben so begierig nach der Lustfahrt hin als nach dem Geld.
»Ich halte dich beim Wort«, sprach Roderich und augenblicklich seinen Rock abziehend, ohne weiter eine einzige Silbe zu verlieren, stürzte sich Paddin häuptlings in den See. Wie tief er hineinkam, läßt sich nicht genau berichten, aber er ging und ging und ging durch das Wasser fort, bis das

Wasser vor ihm wich und er auf ein trocknes Land gelangte. Himmel, Luft, Tageslicht und alles andere waren da gerade so wie hier bei uns; er sah einen reizenden Grund, wodurch ein zierlicher Weg führte nach einem großen, mit stattlichen Treppen umgebenen Hause.
Sobald er sich von seinem Staunen erholt hatte, unter dem Wasser so trocknes und anmutiges Land zu finden, schaute er genauer um und was sollte er anders erblicken, als die ertrunkenen Jünglinge, die sich in diesem Lustort beschäftigten, als wäre ihnen niemals ein Übel zugestoßen. Einige mähten Gras, einige schafften Kiessand auf den Weg oder taten andere leichte Arbeiten und vollbrachten alles auf so gute Art und so munter, als wären sie niemals ertrunken. Dann sangen sie mit großer Lust Lieder, worin sie die Frau vom Hause wegen ihrer Schönheit und ihres Reichtums priesen, wogegen nichts in der Welt bestehen könne.
Paddin konnte sich nicht enthalten, ihnen zuzusehen, einige darunter, bevor sie im See ertrunken waren, hatte er gut gekannt; aber er war stumm, wie ein Fisch, dachte dafür sein Teil, und kein Sterbenswörtchen kam über seine Lippen. So ging er nach dem großen Haus zu, ganz unbefangen, als habe er nichts gesehen, was der Rede wert gewesen, dabei wünschte er gar sehr, zu wissen, wer die junge Frau wäre, von welcher die jungen Männer in ihrem Gesang wo viel Wesens gemacht hatten.
Als er nah zu dem Tor des großen Hauses gelangt war, trat aus der Küche eine gewaltig dicke Frau heraus, wie eine Biertonne auf zwei Beinen. Daher bewegte sie sich und Zähne ragten aus ihrem Munde, nicht geringer als Pferdezähne.
Sie kam auf ihn zu und sagte: »Guten Morgen, Paddin.«
»Guten Morgen, Frau«, antwortete er.
»Was bringt Euch hierher?« fragte sie.
»Ich komme wegen Roderich Keatings Goldring.«
»Hier ist er«, sagte Paddins dicke Freundin, mit einem Lächeln auf ihrem Gesicht, das sich bewegte, wie kochender Haferbrei.
»Ich danke Euch«, antwortete Paddin und nahm den Ring

aus ihrer Hand. »Es ist nicht nötig, daß ich hinzufüge, der Herr gebe Euch sein Gedeihen! Denn ihr seid bereits wohlbeleibt genug. Aber wollt Ihr so gut sein und mir sagen, führt der Weg, auf welchem ich gekommen bin, auch wieder zurück?«

»Kamt Ihr denn nicht, mich zu heiraten?« schrie die dicke Frau ganz außer sich.

»Diesmal nicht, mein Schatz, wenn ich wiederkomme«, antwortete Paddin. »Ich werde für meinen Gang hierher gut bezahlt und muß machen, daß ich Antwort bringe, oder die werden Wunder denken, was aus mir geworden sei.«

»Bekümmert Euch um kein Geld«, sagte die dicke Frau, »wenn Ihr mich heiratet, so sollt Ihr für euer Lebtag in dem Haus wohnen und an nichts Mangel leiden.«

Paddin sah deutlich, daß, da er einmal im Besitz des Ringes sei, die dicke Frau weiter keine Gewalt habe, ihn zurückzuhalten. Ohne also länger auf ihre Worte zu achten, wandelte er ganz gelassen den Gang wieder herab und schaute sich dabei um; denn er hatte, die Wahrheit zu sagen, keine sonderliche Lust, die dicke Hexe zu heiraten. Als er zu dem Gatter kam, stürzte er, ohne nur guten Tag zu sagen, hinaus und fand das Wasser, welches ihm entgegen kam. Er sprang hinein und arbeitete sich in die Höhe und es war wunderbar genug, da man den Paddin nach der entgegengesetzten Seite des Sees hatte wegschwimmen sehen; doch er gelangte bald ans Ufer und erzählte dem Roderich Keating und den andern Burschen, die da standen und auf ihn gewartet hatten, alles was ihm begegnet war. Roderich zahlte ihm auf der Stelle fünf Guineen für diesen Ring und mit diesem Geld in der Tasche däuchte sich Paddin so reich, daß er nicht Lust hatte, zurückzukehren und die dicke Frau zu heiraten, die in dem Grund des Sees in dem schönen Hause saß. Er dachte, sie hat ja unter der Menge junger Leute die Wahl, wenn ihr die Lust ankommen sollte, einen Mann zu nehmen.

Irisches Märchen

DIE SEEROSENNIXE

Bei Eschringen, unweit von Ensheim, lag in tiefer Waldeinsamkeit ein grundloser Sumpf. Da blühten Seerosen in Pracht und Fülle. Des Schultheißen Sohn zog es häufig dahin. Er hatte von der schönen Wasserjungfrau vernommen, die tief unten im kristallenen Palast wohne.
Als er wieder einmal dort war, da regte sich eine der leuchtenden Seerosen. Aus den Blättern des Kelches tauchte ein wunderholdes Wesen empor und winkte ihm lockend entgegen. Er streckte die Arme nach ihr aus, und sie zog ihn hinab in die schaurige Tiefe.
Als der Tod des Jünglings bekannt wurde, ritt der Vater aus, um den geheimnisvollen See zu entzaubern. Zornig ergriff er sein Schwert und hieb eine der schönsten Seerosen ab. Und siehe! Da floß Blut aus dem abgeschlagenen Stengel, und zugleich ertönte ein übermenschlicher Schrei.
Die Wassernixe war tot.

Deutsche Sage

DIE NIXE MIT DER GOLDENEN LEIER

Aus der stillen Flut des Wildsees taucht zuweilen die Nixe mit goldener Leier empor und lustwandelt an der nahen Halde. Alsbald läßt sie die Saiten ertönen und singt dazu ein Lied, daß es rings im Walde widerhallt. Dann kommt selbst das scheue Reh aus dem Dickicht und schmiegt sich traut an sie. Mit ganz besonderem Zauber aber wirkt ihr ergreifendes Lied und ihre berückende Schönheit auf Herz und Gemüt der dort einsam weilenden Hirtenknaben.
Umsonst ruft dem betörten Jüngling die Gewissensstimme zu: Fliehe von hier, die Nixe bringt dir nur Verderben! Bestrickt von ihrem Gesang und ihren Reizen zieht's den Verblendeten immer mächtiger zu ihr hin. Kosend zieht sie ihn zum See und dann hinab in die Flut, um alsbald mit ihm in

der dunklen Tiefe zu verschwinden. Noch einmal ertönen die Saiten, aber erzitternd wie ein Sterbelaut.
So hat die Wasserbraut schon manchen Jüngling betört.

Sage aus dem Schwarzwald

DIE MEERMAID

In der alten glücklichen Zeit gab es auf Erden viel bessere Menschen als jetzt, darum ließ ihnen der himmlische Vater auch manche Wunder offenbar werden, welche heut' zu Tage entweder ganz verborgen bleiben, oder nur selten einmal einem Glückskinde erscheinen. Zwar die Vögel singen nach alter Weise, und die Tiere tauschen ihre Laute aus, aber leider verstehen wir ihre Sprache nicht, und was sie sagen, bringt uns weder Lehre noch Nutzen.
In der Wiek wohnte vor Zeiten am Strande eine schöne Meermaid, die sich den Leuten oftmals zeigte; noch meines Großvaters Vetter, der in dieser Gegend aufwuchs, hatte sie zuweilen auf einem Steine sitzen sehen, aber das Bürschlein hatte nicht gewagt, näher zu treten. Die Jungfrau erschien in mancherlei Gestalten, bald als Füllen oder Färse, bald wieder als ein anderes Tier; manchen Abend mischte sie sich unter die Kinder, und ließ es sich gefallen, daß sie mit ihr spielten, daß sich die Knäblein ihr auf den Rücken setzten – dann war sie plötzlich wie unter die Erde gesunken!
Wie die alten Leute jener Zeit erzählten, konnte man die Jungfrau in früheren Tagen fast jeden schönen Sommerabend am Meeresufer sehen, wo sie auf einem Steine sitzend ihr langes blondes Haar mit goldenem Kamme glättete und so schöne Lieder sang, daß den Hörern das Herz hinschmolz. Die Annäherung der Menschen aber duldete sie nicht, sondern entschwand ihren Blicken oder entwich ins Meer, wo sie als Schwan sich auf den Wellen schaukelte. Warum sie vor den Menschen floh und nicht mehr das frühere Zutrauen zu ihnen hatte, darüber wollen wir jetzt das Nähere melden.

In alten Tagen, lange vor der Schwedenzeit, lebte am Strande der Wiek ein wohlhabender Bauer mit seiner Frau und vier Söhnen; ihren täglichen Unterhalt gewannen sie mehr der See als dem Acker ab, weil der Fischfang zu ihrer Zeit gar reich gesegnet war. Ihr jüngster Sohn zeigte sich von klein auf in allen Stücken anders als seine Brüder, er mied die Gesellschaft der Menschen, schlenderte am Meeresufer und im Walde umher, sprach mit sich selbst, mit den Vögeln oder mit Wind und Wellen, aber wenn er unter die Leute kam, öffnete er den Mund nicht viel, sondern stand wie träumend. Wenn im Herbst die Stürme auf dem Meere tobten, die Wellen sich haushoch türmten und sich schäumend am Ufer brachen, dann ließ es dem Knaben zu Hause keine Ruhe mehr, er lief wie besessen, oft halb nackend, an den Strand. Wind und Wetter scheute sein abgehärteter Körper nicht. Er sprang in den Kahn, ergriff die Ruder und fuhr, gleich einer wilden Gans, auf dem Kamme der tobenden Wellen weit in die See hinaus, ohne daß seine Verwegenheit ihm jemals Gefahr gebracht hätte. Am Morgen, wenn der Sturm ausgetobt hatte, fand man ihn am Meeresufer in süßem Schlafe. Schickte man ihn irgendwohin, um ein Geschäft zu besorgen, z. B. im Sommer das Vieh zu hüten oder sonst kleine Arbeiten zu übernehmen, so machte er seinen Eltern nur Verdruß. Er warf sich irgendwo in den Schatten eines Busches, ohne der Tiere zu achten, die sich zerstreuten, Wiesen oder Kornfelder betraten und sich auch teilweise verliefen, so daß die Brüder Stunden lang zu tun hatten, bis sie der verlorenen Tiere wieder habhaft wurden. Wohl hatte der Vater den Knaben die Rute bitter genug fühlen lassen, aber das wirkte nicht mehr, als Wasser auf eine Gans gegossen. Als der Knabe zum Jüngling herangewachsen war, ging es auch nicht besser, keine Arbeit gedieh unter seinen lässigen Händen; er zerschlug und zerbrach das Arbeitsgerät, mattete die Arbeitstiere ab, und schaffte doch nichts Rechtes.

Der Vater gab ihn nun auf fremde Bauernhöfe in Dienst, weil er hoffte, daß vielleicht die fremde Peitsche den Lotterer bessern und zum ordentlichen Menschen machen möchte; aber wer den Burschen eine Woche lang auf Probe gehabt hatte, schickte ihn auch in der nächsten Woche wieder zurück. Die Eltern schalten ihn einen Tagedieb, und die Brüder hießen ihn »Schlaf-Tönnis«; binnen kurzem war dieser Spitzname in aller Munde, wiewohl er auf den Namen Jürgen getauft war.

Weil nun der Schlaf-Tönnis keinem Menschen Nutzen brachte, vielmehr Eltern und Geschwistern nur zur Last fiel und im Wege war, so hätten sie gern ein Stück Geld hingegeben, wenn jemand sie von dem Faulenzer befreit hätte. Als es der Schlaf-Tönnis nirgends mehr aushielt und auch niemand ihn behalten wollte, verdingte ihn endlich der Vater bei einem fremden Schiffer als Knecht, weil er doch auf der See nicht davonlaufen konnte und weil der Bursche auch das Meer von klein auf geliebt hatte. Trotzdem war er nach einigen Wochen, ich weiß nicht wie? von dem Schiffe entkommen und hatte seine trägen Füße wieder auf den heimischen Boden gesetzt. Nur schämte er sich, das Haus seiner Eltern zu betreten, wo er auf keinen freundlichen Empfang hoffen durfte, er trieb sich von einem Orte zum andern herum und suchte sein Leben zu fristen, wie es ging, ohne zu arbeiten. Er war ein hübscher starker Bursche und konnte ganz angenehm sprechen, wenn er wollte, obschon er im elterlichen Hause seinen Mund nie viel zum Reden gebraucht hatte. Jetzt mußten ihn sein schmuckes Aussehen und seine glatte Rede erhalten, denn er wußte sich damit bei Frauen und Mädchen einzuschmeicheln.

Da geschah es, als er an einem schönen Sommerabend nach Sonnenuntergang allein am Strande sich erging, daß der Meermaid holder Gesang an sein Ohr drang. Schlaf-Tönnis dachte alsbald: »Sie ist auch ein Weib und wird mir nichts zu Leide tun!« Er zögerte also nicht, dem Gesange nachzugehen, um den schönen Vogel in Augenschein zu nehmen. Er bestieg den höchsten Hügel und gewahrte von da über einige Felder weg die Meermaid, die auf einem Steine saß, wo sie mit goldenem Kamme ihr Haar glättete und ein herrliches Lied sang. Der Jüngling hätte sich mehr Ohren gewünscht, um den Gesang zu hören, der ihm ins Herz schlug

wie eine Flamme; als er aber näher kam, sah er, daß hier eben so viele Augen Not täten, die Schönheit der Jungfrau zu fassen. Gewiß hatte die Meermaid den Kommenden bemerkt, aber sie floh nicht vor ihm, was sie doch sonst immer tat, wenn sich Menschen ihr näherten. Schlaf-Tönnis mochte etwa noch zehn Schritte von ihr sein, als er plötzlich still stand, unentschlossen, ob er warten oder näher treten solle. Und wunderbar! Die Meermaid erhob sich vom Steine und kam ihm mit freundlicher Miene entgegen. Grüßend bot sie dem Jüngling die Hand und sagte:
»Ich habe dich hier schon manchen Tag erwartet, weil ein bedeutsamer Traum mir deine Ankunft kündete. Du hast unter den Menschen nirgends Haus noch Heim, wohin du gehen könntest oder wo Leute deines Schlages taugten. Warum solltest du auch von Fremden abhängig sein, wenn die Eltern dir in ihrem Hause keine Stätte bieten? Ich kenne dich von klein auf und besser, als die Menschen dich kennen, weil ich ungesehen oft um dich war und dich schützte, wenn dein verwegener Übermut dich hätte verderben können. Ja, meine Hände haben oft dein schwankendes Boot gehütet, daß es nicht in die Tiefe sank! Komm mit mir, du sollst Herrentage haben und es soll dir an nichts mangeln, was dein Herz nur begehrt, sollst du kosten. Ich will dich warten und hüten wie meinen Augapfel, daß weder Wind noch Regen noch Frost dir etwas anhaben sollen.«
Schlaf-Tönnis stand noch immer im Zweifel, er kratzte sich hinter den Ohren und überlegte, was er antworten solle; obgleich jedes Wort der Jungfrau ihm wie ein Feuerpfeil ins Herz gedrungen war. Endlich fragte er schüchtern, ob ihre Behausung weit von hier sei. »Wir können in Windesschnelle dahin kommen, wenn du stetes Vertrauen zu mir hast«, erwiderte die Meermaid. Da fielen dem Schlaf-Tönnis plötzlich mancherlei Reden ein, die er früher von den Leuten über die Meermaid gehört hatte, das Herz bangte ihm, und er bat sich drei Tage Bedenkzeit aus. »Ich will deinen Wunsch erfüllen«, sagte die Meermaid, »aber damit du nicht wieder unsicher werdest, will ich dir, bevor wir scheiden, meinen goldenen Ring an deinen Finger stecken,

auf daß du das Wiederkommen nicht vergessest. Wenn wir dann näher miteinander bekannt werden, so kann vielleicht aus diesem Pfande ein Verlobungsring werden.« Mit diesen Worten zog sie den Ring ab, steckte ihn dem Jüngling an den kleinen Finger und verschwand dann, als wäre sie in Luft zerstoßen. Schlaf-Tönnis blieb mit offenen Augen stehen, und hätte das Vorgefallene für einen Traum gehalten, wenn nicht der glänzende Ring an seinem Finger das Gegenteil dargetan hätte.

Aber mit diesem Ringe schien ein fremder Geist in ihn gefahren zu sein, der ihm nirgends mehr Rast noch Ruhe ließ. Er streifte die ganze Nacht unstet am Strande umher und kam immer wieder zu dem Steine zurück, auf welchem die Jungfrau gesessen hatte – aber der Stein war kalt und leer. Am Morgen legte er sich ein wenig nieder, aber unruhige Träume störten seinen Schlaf. Als er erwachte, fühlte er weder Hunger noch Durst, all sein Sinnen stand nur auf den Abend, da hoffte er die Meermaid wieder zu sehen. Der Tag neigte sich endlich, es wurde Abend, der Wind legte sich, die Vögel im Erlenbusch hörten auf zu singen und steckten die müden Schnäbel unter die Flügel – aber die Meermaid sah er an dem Abend nirgends.

Sorge und Leid preßten ihm schwere Tränen aus, in seinem Unmut hätte er sich die bitterste Qual antun mögen – warum hatte er am gestrigen Abend das dargebotene Glück verschmäht und sich eine Bedenkzeit ausbedungen, wo ein Klügerer als er das Glück mit beiden Händen bei den Hörnern gepackt haben würde. Nun half keine Reue noch Klage. Nicht minder trübselig verstrich ihm die Nacht und der folgende Tag; unter der Last des Kummers fühlte er nicht einmal den Hunger. Gegen Sonnenuntergang setzte er sich zerknirschten Herzens auf eben den Stein, auf welchem die Meermaid vorgestern gesessen hatte, fing an bitterlich zu weinen und sagte ächzend:

»Wenn sie heute nicht kommt, so will ich nicht länger mehr leben, sondern entweder hier auf dem Steine Hungers sterben oder mich jählings in die Wellen stürzen und in der Tiefe des Meeres mein elendes Leben enden!«

Ich weiß nicht, wie lange er so in Gram versunken gesessen hatte, als er eine weiche warme Hand auf seiner Stirne fühlte. Als er die Augen aufschlug, sah er die Jungfrau vor sich, die ihn liebreich anredete: »Ich sah deine herbe Qual, hörte dein sehnsüchtiges Seufzen und mochte nicht länger zögern, obgleich deine Bedenkzeit erst morgen Abend abläuft.«

»Vergebt mir, vergebt mir, teure Jungfrau!« bat Schlaf-Tönnis schluchzend. »Vergebt mir! ich war ein sinnloser Tor, daß ich das unverhoffte Glück nicht festzuhalten wußte. Der Teufel weiß, was für eine Tollheit mir vorgestern in den Kopf kam! Bringt mich, wohin ihr wollt, ich widerstrebe nicht, ja ich würde mit Freuden mein Leben für euch hingeben.«

Die Meermaid erwiderte lachend: »Mich verlangt nicht nach deinem Tode, sondern ich will dich lebend als lieben Genossen zu mir nehmen.«

Dann nahm sie den Jüngling bei der Hand, führte ihn einige Schritte näher ans Meer, verband ihm mit einem seidenen Tuche die Augen, und in demselben Augenblicke fühlte sich Schlaf-Tönnis von zwei starken Armen umfaßt, welche ihn wie im Fluge emporhoben und dann jählings in die Flut stürzten. Als die kalte Flut seinen Leib berührte, verlor er das Bewußtsein, so daß er nicht mehr wußte, was mit ihm und um ihn vorging. Er konnte also späterhin auch nicht sagen, wie lange seine Ohnmacht gedauert hatte.

Als er erwachte, sollte er noch Seltsameres erfahren.

Er fand sich auf weichem Kissen in seidenem Bette, das in einem prächtigen Gemache stand, dessen Wände von Glas und von innen mit roten Sammetdecken verhüllt waren, damit das grelle Licht den Schläfer nicht wecke. Eine Zeit lang wußte er selbst nicht recht, ob er noch lebe oder sich nach dem Tode an einem unbekannten Orte befinde. Er reckte seine Glieder hin und her, nahm seine Nasenspitze zwischen die Finger, und siehe! – es war alles, wie es sein mußte. Angetan war er mit einem feinen weißen Hemde, und schöne Kleider lagen auf einem Stuhl vor seinem Bette. Nachdem er sich eine Zeit lang im Bette gedehnt und sich

handgreiflich überzeugt hatte, daß er wirklich am Leben sei, stand er endlich auf und zog sich an.
Zufällig hustete er, und augenblicklich traten zwei Mädchen ein, grüßten ehrerbietig und baten, der »gnädige Herr« möge ihnen sagen, was er frühstücken wolle. Während die eine den Tisch deckte, ging die andere die Speisen zu bereiten. Es dauerte nicht lange, so standen Schüsseln mit Schweinefleisch, Wurst, Blutklößen und Scheibenhonig, nebst Bier- und Metkannen auf dem Tische – gerade als ob eine prächtige Hochzeit gefeiert würde. Schlaf-Tönnis, der mehrere Tage ohne Nahrung geblieben war, setzte seine Kinnladen in Bewegung und aß, was der Magen fassen wollte, dann streckte er sich aufs Bett, um zu verdauen. Als er wieder aufstand, kamen die Dienerinnen zurück und baten den »gnädigen Herrn«, im Garten spazieren zu gehen, während die gnädige Frau sich ankleiden lasse. Es wurde ihm von allen Seiten so viel »gnädige Herren« an den Hals geworfen, daß er schon anfing, sich für einen solchen zu halten, und seinen früheren Stand vergaß.
Im Garten fand er auf Schritt und Tritt Schönheit und Zierde; im grünen Laube glänzten goldene und silberne Äpfel, sogar die Fichten- und Tannenzapfen waren golden und goldgefiederte Vögel hüpften in den Wipfeln und auf den Zweigen. Zwei Mädchen traten hinter einem Gebüsche hervor, sie hatten Auftrag, den »gnädigen Herrn« im Garten herumzuführen und ihm alle Schönheiten desselben zu zeigen. Weitergehend gelangten sie an den Rand eines Teiches, auf welchem silbergefiederte Gänse und Schwäne schwammen. Überall schimmerte Morgenrot, doch nirgends sah man die Sonne. Die mit Blüten bedeckten Gebüsche hauchten süßen Duft aus, und Bienen, groß wie Bremsen, flogen um die Blüten herum. Alles, was unser Freund hier von Bäumen und Gewächsen erblickte, war viel herrlicher, als wir es jemals schauen. Sodann erschienen zwei prächtig gekleidete Mädchen, um den »gnädigen Herrn« zur gnädigen Frau einzuladen, welche ihn erwarte. Ehe man ihn zu ihr führte, wurde ihm noch ein blauseidener Schal um die Schultern gelegt. Wer hätte in

diesem Aufzuge den früheren Schlaf-Tönnis wiedererkannt?
In einer prächtigen Halle, die so groß wie eine Kirche und auch, wie das Schlafgemach, aus Glas gegossen war, saßen zwölf schöne Jungfrauen auf silbernen Stühlen. Hinter ihnen auf einer Erhöhung unweit der Wand standen zwei goldene Stühle, auf deren einem die hehre Königin saß, während der andere noch leer war. Als Schlaf-Tönnis über die Schwelle trat, erhoben sich alle Jungfrauen von ihren Sitzen und grüßten den Ankömmling ehrerbietig, setzten sich auch nicht eher wieder, als bis es ihnen geheißen worden. Die Herrin selber blieb auf ihrem Stuhle sitzen, nickte dem Jünglinge ihren Gruß zu und winkte befehlend mit dem Finger, worauf die Führerinnen den Schlaf-Tönnis in die Mitte nahmen und zur Herrin geleiteten. Der Jüngling ging schüchternen Schrittes vorwärts und wagte nicht die Augen aufzuschlagen, denn all' die unerwartete Pracht und Herrlichkeit blendete ihn. Man wies ihm seinen Platz auf dem goldenen Stuhle neben der Herrin an und diese sagte:
»Dieser Jüngling ist mein lieber Bräutigam, dem ich mich verlobt und den ich mir zu meinem Gemahl erkoren habe. Ihr müßt ihm jegliche Ehre erweisen und ihm eben so gehorchen wie mir. Jedes Mal, wenn ich das Haus verlasse, müßt ihr ihm die Zeit vertreiben und ihn pflegen und hüten wie meinen Augapfel. Schwere Strafe würde den treffen, der meinen Willen nicht pünktlich erfüllt.«
Schlaf-Tönnis sah verdutzt drein, weil er gar nicht wüßte, was er von der Sache halten solle; die Erlebnisse dieser Nacht schienen wunderbarer als Wunder. Er mußte sich in Gedanken immer wieder fragen, ob er wache oder träume. Die Herrin erriet, was in ihm vorging, erhob sich von ihrem Stuhle, nahm ihn bei der Hand und führte ihn aus einem Zimmer ins andere; alle waren menschenleer. So waren sie in das zwölfte Gemach gelangt, das etwas kleiner aber noch prächtiger war, als die andern. Hier nahm die Herrin ihre Krone vom Haupte, warf den goldverbrämten seidenen Mantel ab, und als Schlaf-Tönnis jetzt die Augen aufzuschlagen wagte, sah er keine fremde Herrin, sondern

die Meermaid an seiner Seite. Jetzt wuchs ihm plötzlich der Mut und seine Hoffnung erblühte. Freudig rief er: »O teure Meermaid!« – aber in demselben Augenblick schloß die Hand der Jungfrau ihm den Mund; sie sprach in ernstem Tone:

»Wenn dir mein und dein eigenes Glück lieb ist, so nenne nie mehr diesen Namen, den man mir zum Schimpf beigelegt hat. Ich bin der Wasser-Mutter Tochter, und unserer sind viele Schwestern, wenn wir auch alle einsam, jede an ihrem Ort, im Meere, in Seen und Flüssen wohnen, und uns nur selten einmal durch einen glücklichen Zufall zu sehen bekommen.«

Dann erklärte sie ihm, sie habe bis jetzt jungfräulich gelebt, müsse aber als verordnete Herrscherin Namen und Würde einer königlichen Frau aufrechterhalten. Schlaf-Tönnis war durch sein unverhofftes Glück wie von Sinnen, er wußte nicht, was er in seiner Freude beginnen sollte, aber die Zunge war ihm wie gebunden, und er brachte nicht viel mehr heraus als ja oder nein. Als er sich aber beim Mittagsmahl die leckeren Speisen schmecken ließ, und als die köstlichen Getränke ihm warm machten, da löste sich auch seine Zunge, und er wußte sich nicht bloß wie sonst gut zu unterhalten, sondern auch manchen artigen Scherz anzubringen.

Am folgenden und am dritten Tage ging dieses glückliche Leben eben so fröhlich weiter; Schlaf-Tönnis glaubte sich bei lebendigem Leibe in den Himmel versetzt. Vor Schlafengehen sagte die Meermaid zu ihm:

»Morgen haben wir Donnerstag, und allwöchentlich muß ich, einem Gelübde gemäß, an diesem Tage fasten und einsam von allen andern getrennt leben. Donnerstags kannst du mich nicht früher sehen, als bis der Hahn abends drei Mal gekräht hat. Meine Dienerinnen werden inzwischen für dich sorgen, daß dir die Zeit nicht lang werde, und es dir an nichts fehle.«

Am andern Morgen fand Schlaf-Tönnis seine Genossin nirgends – er gedachte dessen, was sie ihm am Abend zuvor angekündigt hatte, nämlich, daß er heute und jeden künftigen Donnerstag ohne seine Gemahlin zubringen müsse. Die Dienerinnen bemühten sich, ihm auf alle Weise die Zeit zu vertreiben, sie sangen, spielten und führten heitere Tänze auf; dann setzten sie ihm wieder Speise und Trank vor, wie ein geborener Königssohn sie nicht besser haben konnte, und der Tag verging ihm schneller, als er geglaubt hatte. Nach dem Abendessen begab er sich zur Ruhe, und als der Hahn das dritte Mal gekräht hatte, kam die Schöne wieder zu ihm. Ebenso ging es an jedem folgenden Donnerstage. Oft zwar hatte er die Geliebte gebeten, am Donnerstag mit ihr zusammen fasten zu dürfen, aber vergebens. Als er nun einst wieder an einem Mittwoch seine Gemahlin mit dieser Bitte quälte und ihr keine Ruhe ließ, sagte die Meermaid mit tränenden Augen:

»Nimm mein Leben, wenn du willst, ich gebe es gerne hin, aber deinen Wunsch, dich zu meinem Fasttage mitzunehmen, kann und darf ich nicht erfüllen.«

Ein Jahr oder darüber mochte ihnen so verflossen sein, als sich Zweifel im Herzen des Schlaf-Tönnis regten, die immer quälender wurden, so daß er keine Ruhe mehr fand. Das Essen wollte ihm nicht munden, und der Schlaf erquickte ihn nicht. Er fürchtete nämlich, daß die Merrmaid außer ihm noch einen heimlichen Geliebten habe, in dessen Armen sie jeden Donnerstage ruhe, während er die Zeit mit ihren Dienerinnen hinbringen müsse. Die Kammer, in welcher die Meermaid sich Donnerstags verborgen hielt, kannte er längst, aber was half es? Die Tür war immer verschlossen und die Fenster waren von innen durch doppelte Vorhänge so dicht verhüllt, daß nirgends eine Öffnung, wenn auch nur von der Breite eines Nadelöhrs blieb, durch welche ein Sonnenstrahl, geschweige denn ein menschliches Auge, hätte eindringen können. Aber je unmöglicher die Aufhellung dieses Geheimnisses schien, desto heftiger wurde sein Verlangen, der Sache auf den Grund zu kommen. Wenngleich er von dem, was ihm auf dem Herzen lastete, der Meermaid kein Wörtchen verriet, so merkte sie doch an seinem unsteten Wesen, daß vieles nicht mehr war wie früher. Wiederholt bat sie ihn mit Tränen in den Augen, er möge sie und sich selbst doch nicht mit verkehrten Gedanken plagen.

»Ich bin«, sagte sie, »frei von aller Schuld gegen dich, ich habe keine heimliche Liebe noch irgend eine andere Sünde gegen dich auf dem Gewissen. Aber dein falscher Argwohn macht uns beide unglücklich und wird unsern Herzensfrieden zerstören. Mit Freuden würde ich jeden Augenblick mein Leben für dich hingeben, wenn du es wünschen würdest, aber an meinem Fasttage kann ich dich nicht in meine Nähe lassen. Es darf nicht sein und würde unserer Liebe und unserem Glücke für immer den Untergang bringen. Wir leben ja sechs Tage in der Woche in ruhigem Glücke miteinander, wie kann uns die Trennung eines Tages so schwer fallen, daß du sie nicht ertragen solltest.«

Sechs Tage hielt solch' ein verständiger Zuspruch immer wieder vor, aber wenn der nächste Donnerstag kam, und die Meermaid nicht erschien, dann verlor er den Kopf und gebärdete sich wie ein halb Verrückter. Er hatte keine Ruhe mehr, zuletzt wollte er am Donnerstage niemand um sich haben, die Dienerinnen durften nur die Speisen und Getränke auftragen und mußten sich dann gleich entfernen, damit er allein hausen könne wie ein Gespenst.

Diese gänzliche Verwandlung nahm alle Wunder, und als die Meermaid die Sache erfuhr, wollte sie sich die Augen aus dem Kopfe weinen; doch überließ sie sich ihrem Schmerze nur, wenn niemand dabei war. Schlaf-Tönnis hoffte, wenn er allein gelassen würde, bessere Gelegenheit zur Untersuchung der geheimnisvollen Fastenkammer zu finden – vielleicht entdeckte er doch irgendwo ein Spältchen, durch welches er spähen und beobachten könnte, was dort vorginge. Je mehr er sich aber abquälte, desto unmutiger wurde auch die Meermaid, und wenn sie noch ein freundliches Antlitz zeigte, so kam ihr doch die Freundlichkeit nicht mehr von Herzen wie sonst.

So vergingen einige Wochen, und die Sache wurde nicht besser und nicht schlechter; da fand Schlaf-Tönnis eines Donnerstags neben dem Fenster eine kleine Stelle, wo die

Vorhänge sich zufällig verschoben hatten, so daß der Blick in die Kammer dringen konnte. Was er da sah, machte sein Herz ärger als Februarkälte gerinnen. Das geheimnisvolle Gemach hatte keinen Fußboden, sondern sah aus wie ein großer viereckiger Kübel, der viele Fuß hoch mit Wasser gefüllt war. Darin schwamm seine geliebte Meermaid. Vom Kopf bis zum Bauch hatte sie noch die Schönheit des weiblichen Körpers, aber die untere Hälfte vom Nabel abwärts war ganz Fisch, mit Schuppen bedeckt und mit Flossen versehen. Mit dem breiten Fischschwanz plätscherte sie zuweilen im Wasser, daß es hoch aufspritzte.

Er wich wie betäubt zurück und ging betrübt hinweg. Wie viel hätte er darum gegeben, wenn er diesen Anblick aus seinem Gedächtnisse hätte auslöschen können! Er dachte hin und her, wußte aber nicht, was er anfangen sollte.

Der Hahn hatte am Abend wie gewöhnlich drei Mal gekräht, aber die Meermaid kam nicht zu ihm zurück. Er durchwachte die ganze Nacht, aber die Schöne erschien nicht. Erst am Morgen kam sie in schwarzen Trauerkleidern, das Gesicht mit einem dünnen Seidentuch verhüllt, und sprach mit weinender Stimme:

»O, du Unseliger, der du durch deine Torheit unserem glücklichen Leben ein Ende gemacht hast! Du siehst mich heute zum letzten Male und mußt nun wieder in deinen früheren Zustand zurückkehren, was du dir selber zuzuschreiben hast. Leb' wohl zum letzten Male!«

Ein plötzlicher Krach und ein starkes Getöse, als ob der Boden unter den Füßen wegrollte, warf den Schlaf-Tönnis nieder, und in seiner Betäubung hörte und sah er nicht mehr, was mit ihm und um ihn vorging.

Als er endlich, wer weiß wie lange nachher, aus seiner Ohnmacht erwachte, fand er sich am Meeresstrande, dicht bei demselben Steine, auf welchem die schöne Meermaid gesessen hatte, als sie den Freundschaftsbund mit ihm schloß. Statt der prächtigen Kleider, die er in der Behausung der Meermaid täglich getragen hatte, fand er seinen alten Anzug, der aber viel älter und zerlumpter aussah, als es nach seiner Annahme der Fall sein konnte. Die Glückstage unse-

res guten Freundes waren vorüber, und keine noch so bittere Reue konnte sie zurückbringen.
Als er weiterging, stieß er auf die ersten Gehöfte seines Dorfs. Sie standen wohl an der alten Stelle, aber sahen doch ganz anders aus. Was ihm aber, als er sich umsah, noch viel wunderbarer dünkte, war, daß die Menschen ihm ganz fremd waren, und nicht ein einziges bekanntes Gesicht ihm begegnete.
Auch ihn sahen alle befremdet an, als ob sie ein Wundertier vor sich hätten. Schlaf-Tönnis ging nun zum Hofe seiner Eltern; auch hier kamen ihm fremde Menschen entgegen, die ihn nicht kannten, und die er nicht kannte. Erstaunt fragte er nach seinem Vater und seinen Brüdern, aber niemand konnte ihm Bescheid geben. Endlich kam ein gebrechlicher Alter auf einen Stock gestützt aus dem Hause und sagte:
»Bauer, der Wirt, nach welchem du dich erkundigst, schläft schon über dreißig Jahre in der Erde; auch seine Söhne müssen tot sein. Wo kommst du denn her, Alterchen, um solchen vergessenen Dingen nachzuforschen?«
Das Wort Alterchen hatte den Schlaf-Tönnis dermaßen erschreckt, daß er nichts weiter fragen konnte. Er fühlte seine Glieder zittern, wandte den fremden Menschen den Rükken, und eilte zur Pforte hinaus. Die Anrede ließ ihm keine Ruhe; dies Wort war ihm zentnerschwer auf die Seele gefallen – die Füße versagten ihm den Dienst.
An der nächsten Quelle besah er seine Gestalt im Wasserspiegel: die bleichen zusammengeschrumpften Wangen, die eingefallenen Augen, der lange graue Bart und die grauen Haare bestätigten, was er vernommen hatte. Diese vergilbte, verwelkte Gestalt hatte keine Ähnlichkeit mehr mit dem Jüngling, den die Meermaid sich zum Bräutigam erkoren hatte. Jetzt erst ward der Unglückliche inne, daß die vermeintlichen paar Jahre ihm den größten Teil seines Lebens hinweggenommen hatten, denn als blühender Jüngling war er in das Haus der Meermaid eingezogen, und als gespenstischer Alter war er zurückgekommen. Dort hatte er weder den Fluß der Zeit noch das Hinschwinden des Kör-

pers gespürt, und er konnte es sich nicht erklären, wie die Bürde des Alters ihm so plötzlich, gleich einer Vogelschlinge, über den Hals gekommen war. Was sollte er jetzt beginnen, da er als Fremder unter Fremde verschneit war?
Einige Tage lang streifte er am Strand von einem Bauernhof zum andern umher, und gute Menschen gaben ihm aus Barmherzigkeit ein Stück Brot. Da traf er einst mit einem munteren Burschen zusammen, dem er seinen Lebenslauf ausführlich erzählte, aber in derselben Nacht war er auch verschwunden. Nach einigen Tagen wälzten die Wellen seinen Leichnam an's Ufer. Ob er vorsätzlich oder zufällig im Meere ertrunken war, ist nicht bekannt geworden.
Von dieser Zeit an hat sich das Wesen der Meermaid den Menschen gegenüber gänzlich verändert; nur Kindern erscheint sie zuweilen, meist in anderer Gestalt, erwachsene Menschen aber läßt sie nicht an sich herankommen, sondern scheut sie wie das Feuer.

Estnisches Märchen

DIE NIXE IM TEICH

Es war einmal ein Müller, der führte mit seiner Frau ein vergnügtes Leben. Sie hatten Geld und Gut, und ihr Wohlstand nahm von Jahr zu Jahr noch zu. Aber Unglück kommt über Nacht: wie ihr Reichtum gewachsen war, so schwand er von Jahr zu Jahr wieder hin, und zuletzt konnte der Müller kaum noch die Mühle, in der er saß, sein Eigentum nennen. Er war voll Kummer, und wenn er sich nach der Arbeit des Tags niederlegte, so fand er keine Ruhe, sondern wälzte sich voll Sorgen in seinem Bett. Eines Morgens stand er schon vor Tagesanbruch auf, ging hinaus ins Freie und dachte, es sollte ihm leichter ums Herz werden. Als er über dem Mühldamm dahinschritt, brach eben der erste Sonnenstrahl hervor, und er hörte in dem Weiher etwas rauschen.
Er wendete sich um und erblickte ein schönes Weib, das sich langsam aus dem Wasser erhob. Ihre langen Haare, die sie über den Schultern mit ihren zarten Händen gefaßt hatte,

flossen an beiden Seiten herab und bedeckten ihren weißen Leib. Er sah wohl, daß es die Nixe des Teichs war, und wußte vor Furcht nicht, ob er davongehen oder stehenbleiben sollte. Aber die Nixe ließ ihre sanfte Stimme hören, nannte ihn bei Namen und fragte, warum er so traurig wäre. Der Müller war anfangs verstummt, als er sie aber so freundlich sprechen hörte, faßte er sich ein Herz und erzählte ihr, daß er sonst in Glück und Reichtum gelebt hätte, aber jetzt so arm wäre, daß er sich nicht zu raten wüßte.
»Sei ruhig«, antwortete die Nixe, »ich will dich reicher und glücklicher machen, als du je gewesen bist, nur mußt du mir versprechen, daß du mir geben willst, was eben in deinem Hause jung geworden ist.«
»Was kann das anders sein«, dachte der Müller, »als ein junger Hund oder ein junges Kätzchen?« Und sagte ihr zu, was sie verlangte. Die Nixe stieg wieder in das Wasser hinab, und er eilte getröstet und guten Mutes nach seiner Mühle. Noch hatte er sie nicht erreicht, da trat die Magd aus der Haustüre und rief ihm zu, er sollte sich freuen, seine Frau hätte ihm einen kleinen Knaben geboren. Der Müller stand wie vom Blitz gerührt, er sah wohl, daß die tückische Nixe das gewußt und ihn betrogen hatte. Mit gesenktem Haupt trat er zu dem Bett seiner Frau, und als sie ihn fragte:
»Warum freust du dich nicht über den schönen Knaben?«, so erzählte er ihr, was ihm begegnet war und was für ein Versprechen er der Nixe gegeben hatte. »Was hilft mir Glück und Reichtum«, fügte er hinzu, »wenn ich mein Kind verlieren soll? Aber was kann ich tun?«
Auch die Verwandten, die herbeigekommen waren, Glück zu wünschen, wußten keinen Rat.
Indessen kehrte das Glück in das Haus des Müllers wieder ein. Was er unternahm, gelang, es war, als ob Kisten und Kasten von selbst sich füllten und das Geld im Schrank über Nacht sich mehrte. Es dauerte nicht lange, so war sein Reichtum größer als je zuvor. Aber er konnte sich nicht ungestört darüber freuen: die Zusage, die er der Nixe getan hatte, quälte sein Herz. Sooft er an dem Teich vorbeikam, fürchtete er, sie möchte auftauchen und ihn an seine Schuld

mahnen. Den Knaben selbst ließ er nicht in die Nähe des Wassers:
»Hüte dich«, sagte er zu ihm, »wenn du das Wasser berührst, so kommt eine Hand heraus, hascht dich und zieht dich hinab.«
Doch als Jahr auf Jahr verging und die Nixe sich nicht wieder zeigte, so fing der Müller an, sich zu beruhigen.
Der Knabe wuchs zum Jüngling heran und kam bei einem Jäger in die Lehre. Als er ausgelernt hatte und ein tüchtiger Jäger geworden war, nahm ihn der Herr des Dorfes in seine Dienste. In dem Dorf war ein schönes und treues Mädchen, das gefiel dem Jäger, und als sein Herr das bemerkte, schenkte er ihm ein kleines Haus; die beiden hielten Hochzeit, lebten ruhig und glücklich und liebten sich von Herzen.
Einstmals verfolgte der Jäger ein Reh. Als das Tier aus dem Wald in das freie Feld ausbog, setzte er ihm nach und streckte es endlich mit einem Schuß nieder. Er bemerkte nicht, daß er sich in der Nähe des gefährlichen Weihers befand, und ging, nachdem er das Tier ausgeweidet hatte, zu dem Wasser, um seine mit Blut befleckten Hände zu waschen. Kaum aber hatte er sie hineingetaucht, als die Nixe emporstieg, lachend mit ihren nassen Armen ihn umschlang und so schnell hinabzog, daß die Wellen über ihm zusammenschlugen.
Als es Abend war und der Jäger nicht nach Haus kam, so geriet seine Frau in Angst. Sie ging aus, ihn zu suchen, und da er ihr oft erzählt hatte, daß er sich vor den Nachstellungen der Nixe in acht nehmen müßte und nicht in die Nähe des Weihers sich wagen dürfte, so ahnte sie schon, was geschehen war. Sie eilte zu dem Wasser, und als sie am Ufer seine Jägertasche liegen fand, da konnte sie nicht länger an dem Unglück zweifeln. Wehklagend und händeringend rief sie ihren Liebsten mit Namen, aber vergeblich; sie eilte hinüber auf die andere Seite des Weihers und rief ihn aufs neue; sie schalt die Nixe mit harten Worten, aber keine Antwort erfolgte. Der Spiegel des Wassers blieb ruhig, nur das halbe Gesicht des Mondes blickte unbeweglich zu ihr herauf.

Die arme Frau verließ den Teich nicht. Mit schnellen Schritten, ohne Rast und Ruhe, umkreiste sie ihn immer von neuem, manchmal still, manchmal einen heftigen Schrei ausstoßend, manchmal in leisem Wimmern. Endlich waren ihre Kräfte zu Ende: sie sank zur Erde nieder und verfiel in einen tiefen Schlaf. Bald überkam sie ein Traum.
Sie stieg zwischen großen Felsblöcken angstvoll aufwärts; Dornen und Ranken hakten sich an ihre Füße, der Regen schlug ihr ins Gesicht, und der Wind zauste ihr langes Haar. Als sie die Anhöhe erreicht hatte, bot sich ein ganz anderer Anblick dar. Der Himmel war blau, die Luft mild, der Boden senkte sich sanft hinab, und auf einer grünen, bunt beblümten Wiese stand eine reinliche Hütte. Sie ging darauf zu und öffnete die Türe, da saß eine Alte mit weißen Haaren, die ihr freundlich winkte. In dem Augenblick erwachte die arme Frau. Der Tag war schon angebrochen, und sie entschloß sich gleich, dem Traum Folge zu leisten. Sie stieg mühsam den Berg hinauf, und es war alles so, wie sie es in der Nacht gesehen hatte. Die Alte empfing sie freundlich und zeigte ihr einen Stuhl, auf den sie sich setzen sollte.
»Du mußt ein Unglück erlebt haben«, sagte sie, »weil du meine einsame Hütte aufsuchst.« Die Frau erzählte ihr unter Tränen, was ihr begegnet war.
»Tröste dich«, sagte die Alte, »ich will dir helfen: da hast du einen goldenen Kamm. Harre, bis der Vollmond aufgestiegen ist, dann geh zu dem Weiher, setze dich am Rand nieder und strähle dein langes schwarzes Haar mit diesem Kamm. Wenn du aber fertig bist, so lege ihn am Ufer nieder, und du wirst sehen, was geschieht.«
Die Frau kehrte zurück, aber die Zeit bis zum Vollmond verstrich ihr langsam. Endlich erschien die leuchtende Scheibe am Himmel, da ging sie hinaus an den Weiher, setzte sich nieder und kämmte ihre langen schwarzen Haare mit dem goldenen Kamm, und als sie fertig war, legte sie ihn an den Rand des Wassers nieder. Nicht lange, so brauste es aus der Tiefe, eine Welle erhob sich, rollte an das Ufer und führte den Kamm mit sich fort. Es dauerte nicht länger, als der Kamm nötig hatte, auf den Grund zu sinken, so teilte

sich der Wasserspiegel, und der Kopf des Jägers stieg in die Höhe. Er sprach nicht, schaute aber seine Frau mit traurigen Blicken an. In demselben Augenblick kam eine zweite Welle herangerauscht und bedeckte das Haupt des Mannes. Alles war verschwunden, der Weiher lag so ruhig wie zuvor, und nur das Gesicht des Vollmondes glänzte darauf.
Trostlos kehrte die Frau zurück, doch der Traum zeigte ihr die Hütte der Alten. Abermals machte sie sich am nächsten Morgen auf den Weg und klagte der weisen Frau ihr Leid. Die Alte gab ihr eine goldene Flöte und sprach:
»Harre, bis der Vollmond wiederkommt, dann nimm diese Flöte, setze dich an das Ufer, blas ein schönes Lied darauf, und wenn du damit fertig bist, so lege sie auf den Sand; du wirst sehen, was geschieht.«
Die Frau tat, wie die Alte gesagt hatte. Kaum lag die Flöte auf dem Sand, so brauste es aus der Tiefe: eine Welle erhob sich, zog heran und führte die Flöte mit sich fort. Bald darauf teilte sich das Wasser, und nicht bloß der Kopf, auch der Mann bis zur Hälfte des Leibes stieg hervor. Er breitete voll Verlangen seine Arme nach ihr aus, aber eine zweite Welle rauschte heran, bedeckte ihn und zog ihn wieder hinab.
»Ach, was hilft es mir«, sagte die Unglückliche, »daß ich meinen Liebsten nur erblicke, um ihn wieder zu verlieren.«
Der Gram erfüllte aufs neue ihr Herz, aber der Traum führte sie zum drittenmal in das Haus der Alten. Sie machte sich auf den Weg, und die weise Frau gab ihr ein goldenes Spinnrad, tröstete sie und sprach:
»Es ist noch nicht alles vollbracht, harre, bis der Vollmond kommt, dann nimm das Spinnrad, setze dich an das Ufer und spinn die Spule voll, und wenn du fertig bist, so stelle das Spinnrad nahe an das Wasser, und du wirst sehen, was geschieht.«
Die Frau befolgte alles genau. Sobald der Vollmond sich zeigte, trug sie das goldene Spinnrad an das Ufer und spann emsig, bis der Flachs zu Ende und die Spule mit dem Faden ganz angefüllt war. Kaum aber stand das Rad am Ufer, so

brauste es noch heftiger als sonst in der Tiefe des Wassers, eine mächtige Welle eilte herbei und trug das Rad mit sich fort. Alsbald stieg mit einem Wasserstrahl der Kopf und der ganze Leib des Mannes in die Höhe. Schnell sprang er ans Ufer, faßte seine Frau an der Hand und entfloh. Aber kaum hatten sie sich eine kleine Strecke entfernt, so erhob sich mit entsetzlichem Brausen der ganze Weiher und strömte mit reißender Gewalt in das weite Feld hinein. Schon sahen die Fliehenden ihren Tod vor Augen, da rief die Frau in ihrer Angst die Hilfe der Alten an, und in dem Augenblick waren sie verwandelt, sie in eine Kröte, er in einen Frosch. Die Flut, die sie erreicht hatte, konnte sie nicht töten, aber sie riß sie beide voneinander und führte sie weit weg.

Als das Wasser sich verlaufen hatte und beide wieder den trocknen Boden berührten, so kam ihre menschliche Gestalt zurück. Aber keiner wußte, wo das andere geblieben war; sie befanden sich unter fremden Menschen, die ihre Heimat nicht kannten. Hohe Berge und tiefe Täler lagen zwischen ihnen. Um sich das Leben zu erhalten, mußten beide die Schafe hüten. Sie trieben lange Jahre ihre Herden durch Feld und Wald und waren voll Trauer und Sehnsucht.

Als wieder einmal der Frühling aus der Erde hervorgebrochen war, zogen beide an einem Tag mit ihren Herden aus, und der Zufall wollte, daß sie einander entgegenzogen. Er erblickte an einem fernen Bergesabhang eine Herde und trieb seine Schafe nach der Gegend hin. Sie kamen in einem Tal zusammen, aber sie erkannten sich nicht, doch freuten sie sich, daß sie nicht mehr so einsam waren. Von nun an trieben sie jeden Tag ihre Herde nebeneinander; sie sprachen nicht viel, aber sie fühlten sich getröstet. Eines Abends, als der Vollmond am Himmel schien und die Schafe schon ruhten, holte der Schäfer die Flöte aus seiner Tasche und blies ein schönes, aber trauriges Lied. Als er fertig war, bemerkte er, daß die Schäferin bitterlich weinte.

»Warum weinst du?« fragte er.

»Ach«, antwortete sie, »so schien auch der Vollmond, als

ich zum letztenmal dieses Lied auf der Flöte blies und das Haupt meines Liebsten aus dem Wasser hervorkam.«
Er sah sie an, und es war ihm, als fiele eine Decke von den Augen, er erkannte seine liebste Frau; und als sie ihn anschaute und der Mond auf sein Gesicht schien, erkannte sie ihn auch. Sie umarmten und küßten sich, und ob sie glückselig waren, braucht keiner zu fragen.

Märchen der Brüder Grimm

Schwanenjungfrau und Wasserbraut

Die *liebende* Wasserfrau ist die zentrale Figur dieses Kapitels, die Liebesgöttin, die Venus, die Aphrodite, die Schaumgeborene, die aus dem Wasser auftaucht und dem Geliebten Glück und Erfüllung schenkt. Sie ist die Wasserbraut, die sich dem Mann in tausend Gestalten nähern kann, als Schwanenfrau, als Froschprinzessin, als schöne Seejungfrau mit geheimnisvoller Tarnkappe. Gewinnt der Jüngling ihr Tiergewand, ihre Tarnkappe, so muß sie bei ihm bleiben oder kann von ihm zum Menschendasein erlöst werden.
Die Zeit des Glücks ist jedoch begrenzt: viele Wasserfrauen, auch wenn sie sich glücklich mit dem Menschengemahl verbinden, kehren früher oder später ins Wasserreich zurück.

Die Schwanenprinzessin H Goller 87

DIE SCHWANENPRINZESSIN

Es waren einmal ein stolzer König und eine Königin, die hatten sieben Kinder, davon waren die ältesten ebenso stolz und hochmütig wie sie selbst, die jüngste aber war gut und liebreich. Diese wurde von einem armen Jüngling geliebt, den sie wieder liebte. Eines Tages trat der Jüngling vor den Thron des Königs und der Königin und bat um die Hand der jüngsten Prinzessin. Da erhob sich die Königin in großem Zorn und rief:

»Ehe dies geschieht, wollte ich eher, daß wir alle zu wilden Schwänen verwandelt werden.«

Es war aber zu der Zeit, als die Wünsche noch in Erfüllung gingen. Kaum waren diese Worte über die Lippen der Königin gekommen, siehe, da verwandelte sich das ganze Land in eine Einöde, das Schloß mit dem Garten in einen See, der König und die Königin aber mitsamt ihren sieben Kindern und dem Liebsten der Prinzessin in wilde Schwäne.

Die jüngste Prinzessin und ihr Liebster lebten am Ufer des Sees für sich allein und waren glücklich. Eines Morgens aber kam ein junger Jäger zu dem See, der verletzte mit seinem Pfeil die jüngste Prinzessin am Flügel. Da nahm er den Schwan mit in seine Hütte. Doch wer beschreibt sein Erstaunen, als er am Abend wieder zu seiner Hütte zurückkehrte, war dieselbe aufgeräumt, und das Feuer brannte im Herd. Am zweiten Tag geschah dasselbe. Da beschloß der Jäger am dritten Tag vor der Hütte zu warten und zu sehen, was darin vorgehe. Wie er nun durch das Fenster schaute, da sah er, wie der Schwan sein Schwanenkleid abwarf und ein wunderschönes Mädchen war. Flugs sprang der Jäger in die Hütte, nahm dem Mädchen das Schwanenkleid weg, und da mußte sie bei ihm bleiben.

Mit dem Verlust ihres Schwanenkleides hatte sie aber ihre ganze Erinnerung verloren. Sie wußte nicht mehr, daß sie eine Prinzessin gewesen, sie wußte nicht mehr, daß sie in einen Schwan verwandelt, und sie wußte auch nicht mehr, daß sie einen Liebsten gehabt. Nur immer zur Zeit des Frühlings und des Herbstes, wenn die wilden Schwäne über die Hütte zogen, erfaßte sie eine unbestimmte Sehnsucht.

Nun lebte sie schon drei Jahre bei dem Jäger. Es war wieder zur Zeit des Herbstes, und sie saß mit dem Jäger vor der Hütte. Dieser aber war eingeschlafen, da flogen plötzlich drei Schwäne über sie hinweg. Das aber waren ihre Brüder gewesen, die riefen ihr zu:

»Ach, unser Schwesterchen an der Seite eines sterblichen Mannes! Komm mit uns! Fliege wieder mit uns!«

Sie aber rief zurück: »Ich kann nicht mit euch! Fliegt mit Gott weiter!«

Danach kamen drei Schwäne geflogen, das waren ihre Schwestern gewesen. Und auch diese riefen:

»Ach, unser Schwesterchen an der Seite eines sterblichen Mannes! Komm mit uns! Fliege wieder mit uns!«

Sie aber rief zurück: »Ich kann nicht mit euch! Fliegt mit Gott weiter!«

Danach kamen zwei Schwäne geflogen, das waren ihre Eltern gewesen:

»Ach, unsere Tochter an der Seite eines sterblichen Mannes! Komm mit uns! Fliege wieder mit uns!«

Sie aber rief zurück: »Ich kann nicht mit euch! Fliegt mit Gott weiter!«

Nun aber kam ganz zuletzt ein einzelner Schwan geflogen. Dies aber war ihr Liebster gewesen. Und als er sie sah, stieß er einen klagenden Schrei aus und rief:

»Ach, meine Liebste, meine Schwanenprinzessin an der Seite eines Jägers! Komm mit mir! Fliege wieder mit mir!«

Der Ruf ihrer Eltern und Geschwister war ihr nur bis ans Ohr gedrungen, der Ruf ihres Liebsten aber drang ihr ins Herz. Ihre ganze Erinnerung wachte wieder auf, sie eilte in die Hütte, suchte so lange, bis sie ihr Schwanenkleid fand, schlüpfte in dasselbe und flog als Schwan zum Fenster hinaus. Und als der Jäger erwachte, sah er am Horizont zwei Schwäne fliegen. Aber immer zur Zeit des Herbstes flog die Prinzessin wieder über die Hütte des Jägers, und so vergaß er nie, daß einmal eine Schwanenfrau bei ihm gelebt.

Polnisches Märchen,
neu erzählt von Sigrid Früh

DIE PERLENSCHNUR

Einst lebte in einem See, der mit Erlengebüsch bewachsen war, ein schönes Wasserfräulein.
In einer mondhellen Nacht ging ein Bauernbursche am See vorüber und sah das Weibchen, wie es auf zwei Schwänen saß, mit einem sehr langen Schilfrohr in der Hand, langen herabwallenden Haaren, mit weißem Kleide und einem Blumenkranz auf dem Haupte. So schwamm es nahe am Ufer. Als es den Burschen erblickte, brach es einen Erlenzweig und warf ihn ans Ufer. Der Bursche staunte über die schöne Gestalt, nahm den Zweig und eilte nach Hause, ohne jemand etwas davon zu sagen.
Am andern Morgen fand er, daß der Erlenzweig von besonderer Schönheit war und wie Silber glänzte. Um seine Verlobte endlich als Braut heimzuführen, verkaufte er den Zweig.
Am Hochzeitstage aber trat das weiß gekleidete Weibchen mit einem zwergartigen Knappen zur Tür herein, schritt feierlich auf die Braut zu, nahm eine Perlenschnur vom Halse und hängte sie der Braut um. Dann entfernte sich das Weibchen wieder, die Perlen und die Wasserspuren ihres Kleides zurücklassend. Da nun unter dem Bauernvolke der Glaube herrscht, Perlen bedeuten Tränen, so wurden die Perlen sogleich dem Muttergottesbild der Kapelle am See geopfert.

Österreichische Sage

ZARIN FROSCH

Weit hinter den blauen Meeren und hinter den sieben Bergen, da lebten einmal ein Zar und eine Zarin. Lang hatte der Zar in der Welt gelebt, und er hatte zu seinem Beistand drei Söhne, drei Zarewitsche. Alle drei waren jung und kühn. Am kühnsten aber und am schönsten war der jüngste, Iwan-Zarewitsch.

Eines Morgens ließ der Zar seine drei Söhne kommen und sprach: »Meine Kinder, ihr seid alt genug, um zu heiraten, ihr sollt Frauen bekommen. Darum nehmt eure Pfeile und Bogen, geht an die Grenze der Gemarkung und schießt eure Pfeile ab. Und wo euer Pfeil niederfällt, dort geht hin und freiet.«

Also zogen die drei Zarensöhne zur Grenze, und es schoß der älteste. Sein Pfeil flog in den Hof eines Bojaren, und der älteste Zarensohn ging hin und freite die Bojarentochter. Es schoß der zweite. Sein Pfeil flog in das Haus eines Kaufmanns, eines reichen Mannes, und der zweite Zarensohn ging hin und freite um die Kaufmannstochter. Es schoß Iwan-Zarewitsch, und sein Pfeil flog auf zur Sonne, und man sah ihn nicht herniedersinken. Iwan-Zarewitsch suchte einen Tag, und er suchte auch noch einen zweiten Tag, und am dritten Tag, da geriet er in einen tiefen Sumpf, und er suchte den Ausweg. Und wie er so suchte, da sah er seinen Pfeil bei einem Frosche liegen. Schon wollte er sich umwenden, da rief ihm der Frosch zu:

»Iwan-Zarewitsch, du suchest doch deinen Pfeil! Nimm deinen Pfeil, nimm aber auch mich mit, sonst wirst du nie mehr aus diesem Sumpf herausfinden.«

Was blieb Iwan-Zarewitsch anderes übrig, er nahm seinen Pfeil, packte den Frosch und schob ihn in seine Rocktasche, ging traurig zu seinem Väterchen, dem Zaren, und sprach:

»Sieh an, ich kann doch keinen Frosch zur Frau nehmen.«

»Nimm sie immerhin«, sprach der Zar, »vielleicht ist sie dein Schicksal.« Also wurde die Brautkrone über Iwan-Za-

rewitsch und den Frosch gehalten, und so waren sie einstweilen verheiratet.
Eines Tages ließ der Zar seine drei Söhne kommen, und er befahl ihnen, daß ihre Frauen bis zum nächsten Morgen ein Brot für ihn backen sollten. Traurig ging Iwan-Zarewitsch nach Hause.
»Warum bist du denn so traurig?« fragte seine Frau, der Frosch.
»Warum soll ich nicht traurig sein? Mein Väterchen, der Zar, befiehlt, daß du ihm bis zum nächsten Morgen ein Brot backen sollst.«
»Sei nicht traurig«, sprach sie, »geh zu Bett. Der Morgen ist weiser denn der Abend.«
Und sie brachte Iwan-Zarewitsch zu Bett. Als er eingeschlafen war, da warf sie ihre Froschhaut ab, und sie war Wassilissa, die Allweise, und sie war schöner als Sonne, Mond und Sterne, und sie ging zur Treppe und rief:
»Kommt ihr Ammen, kommt ihr Kinderfrauen und backt mir ein Brot, wie es mein Väterchen speiste.«
Und am nächsten Morgen schlüpfte sie wieder in die Froschhaut.
Sie übergab Iwan-Zarewitsch ein weißes Brot, das war mit allen Städten des Zarenreiches geschmückt, und er brachte es seinem Vater, dem Zaren. Dort waren schon die beiden älteren Brüder mit dem Brot, das ihre Frauen gebacken hatten. Der Zar prüfte das Brot des ältesten, und er sprach:
»Das ist für die Knechte.« Und er prüfte das Brot des zweiten und sprach: »Das ist für die Mägde.« Und er prüfte das Brot von Iwan-Zarewitsch und sprach: »Dies werde ich am heiligen Osterfeste selbst speisen.«
Bald darauf ließ der Zar wiederum seine drei Söhne kommen. Er befahl ihnen, daß ihre Frauen bis zum nächsten Morgen ein Hemd für ihn nähen sollten. Traurig ging Iwan-Zarewitsch nach Hause.
»Warum bist du denn so traurig?« fragte seine Frau, der Frosch.
»Warum soll ich nicht traurig sein? Mein Väterchen, der

Zar, befiehlt, daß du ihm zum nächsten Morgen ein Hemd nähen sollst.«

»Sei nicht traurig«, sprach sie, »geh zu Bett. Der Morgen ist weiser denn der Abend.«

Und sie brachte Iwan-Zarewitsch zu Bett. Als er eingeschlafen war, da warf sie ihre Froschhaut ab, und sie war Wassilissa, die Allweise, und sie war schöner als Sonne, Mond und Sterne, und sie ging zur Treppe und rief:

»Kommt ihr Ammen, kommt ihr Kinderfrauen und näht mir ein Hemd, wie es mein Väterchen trug.«

Und am nächsten Morgen, da war sie wieder der Frosch. Und sie übergab Iwan-Zarewitsch ein Hemd, das war mit Gold und Silber bestickt, und er brachte es seinem Väterchen, dem Zaren. Dort waren schon die beiden älteren Brüder mit dem Hemd, das ihre Frauen genäht hatten. Der Zar prüfte das Hemd des ältesten und sprach:

»Das ist für den Stall.« Und er prüfte das Hemd des zweiten und sprach: »Das ist für die Badestube.« Und er prüfte das Hemd von Iwan-Zarewitsch und sprach: »Dies werde ich am heiligen Osterfeste zur Kirche tragen.«

Bald darauf ließ der Zar wiederum seine drei Söhne kommen. Und er befahl ihnen, daß sie mit ihren Frauen geschmückt zu seinem Palaste kommen sollten. Traurig ging Iwan-Zarewitsch nach Hause.

»Warum bist du denn so traurig?« fragte seine Frau, der Frosch.

»Warum soll ich nicht traurig sein? Mein Väterchen, der Zar, befiehlt, daß ich mit dir geschmückt zu seinem Feste kommen soll.«

»Sei nicht traurig«, sprach sie, »geh einstweilen allein, aber wenn du es donnern hörst, dann sprich: ›Dies ist meine Frau, der Frosch, die nun angefahren kommt.‹«

Und so ging Iwan-Zarewitsch alleine zum Palaste des Zaren. Dort waren schon seine beiden älteren Brüder mit ihren Frauen, die sich aufgeputzt hatten, und sie verspotteten ihn. Plötzlich aber ertönte ein lauter Donner, so daß die Gäste des Zaren erschrocken von ihren Sitzen aufsprangen.

»Erschreckt nicht«, sprach Iwan-Zarewitsch, »dies ist nur meine Frau, der Frosch, die angefahren kommt.«
Und zum Palaste des Zaren kam eine goldene Kutsche, bespannt mit sieben Schimmeln, und heraus stieg Wassilissa, die Allweise, sie war schöner als Sonne, Mond und Sterne, sie war schöner, als man es in einem Märchen erzählen kann. Sie ergriff Iwan-Zarewitsch bei der Hand, und sie setzte sich mit ihm zur Tafel. Sie speiste vom Schwanenbraten, und sie steckte die Knöchelchen in den rechten Ärmel, und sie trank vom Wein, und sie schüttete die Neige in den linken Ärmel. Die beiden Schwägerinnen, die beobachteten sie ganz genau und machten ihr alles nach. Dann aber ergriff Wassilissa, die Allweise, Iwan-Zarewitsch bei der Hand und führte ihn zum Tanze, und sie schwenkte den linken Ärmel, und es entstand ein See, und sie schwenkte den rechten Ärmel, und es schwammen Schwäne darauf. Die beiden Schwägerinnen, die ihr alles nachmachten, die beschmutzten nur die Gäste, so daß der Zar sie erzürnt davonjagte. Iwan-Zarewitsch aber ritt heimlich nach Hause, und er suchte so lange, bis er die Froschhaut fand, und da nahm er sie und verbrannte sie. Bald darauf kam Wassilissa, die Allweise, angefahren. Und als sie ihre Froschhaut nicht mehr fand, da erschrak sie, und sie sprach zu Iwan-Zarewitsch:
»Wehe, was hast du getan? Hättest du noch drei Tage gewartet, dann hättest du mich erlöst. So aber muß ich von dir. Suche mich hinter dreimal neun Reichen, hinterm dreimal zehnten Zarenreich, beim unsterblichen Koschtschej.«
Und sie verwandelte sich in einen Schwan und flog zum Fenster hinaus.
Iwan-Zarewitsch weinte bitterlich. Er weinte ein ganzes Jahr, er weinte auch ein zweites Jahr, im dritten Jahr, da ermannte er sich endlich, er bat um den Segen von Vater und Mutter und machte sich auf, Wassilissa, die Allweise, zu suchen. Er ging kurze Wege, und er ging lange Wege. Schnell ist ein Märchen erzählt, aber lange dauert der Weg des Helden. Da begegnete ihm ein uralter Mann.
»Hollah, Bursche, wohin gehst du denn?« rief der Alte, und Iwan-Zarewitsch erzählte dem Alten alles. Er erzählte, daß

er Wassilissa, die Allweise, suche und was er mit ihr erlebt hatte. »Wie konntest du nur«, zürnte der Alte, »du hast dem Mädchen die Froschhaut nicht gegeben, also konntest du sie ihr auch nicht nehmen. Es ist jetzt sehr schwer für dich, sie noch zu finden. Aber nimm dieses Knäuel«, und er reichte Iwan-Zarewitsch ein Knäuel Garn, »und folge dem Knäuel, vielleicht führt es dich zum Ziel.«

Iwan-Zarewitsch nahm das Knäuel, und er ging kurze Wege, und er ging lange Wege. Da trabte ihm ein ungeheurer Bär über den Weg. ›Ich werde das Tier töten‹, dachte er, aber der Bär sprach ihn an mit menschlicher Stimme:

»Laß mich leben, Iwan-Zarewitsch, habe Mitleid.« Und Iwan-Zarewitsch hatte Mitleid mit dem Tier, und er ließ es leben. Er ging weiter, und es sprang ein Hase vor ihm auf. ›Ich werde das Tier töten‹, dachte er, aber der Hase sprach ihn an mit menschlicher Stimme: »Habe Mitleid, Iwan-Zarewitsch, laß mich leben.« Und Iwan-Zarewitsch hatte Mitleid mit dem Tier, und er ließ es leben. Er ging weiter, und es flatterte plötzlich eine Ente vor ihm auf. Er spannte Pfeil und Bogen und wollte die Ente schießen. Aber die Ente sprach ihn an mit menschlicher Stimme: »Habe Mitleid, Iwan-Zarewitsch, laß mich leben.«

Und Iwan-Zarewitsch hatte Mitleid mit dem Tier, und er ließ es leben. Und er ging immer fort weiter. Da kam er zum weiten Ufer des Meeres, dort lag ein Hecht im Sand, und er sprach ihn an: »Habe Erbarmen, Iwan-Zarewitsch, trage mich zum Wasser.« Iwan-Zarewitsch fühlte Erbarmen mit dem Tier, und er trug es zum Wasser. Und immerfort wanderte er weiter. Da kam er zu einem Hüttchen, das auf Hühnerfüßen stand und sich immerfort drehte. Und Iwan-Zarewitsch verneigte sich und sprach den Spruch: »Dreh dich, mein Hüttchen, dreh dich zu mir, so wie dich die Mutter am Morgen aufgestellt.«

Und das Hüttchen blieb stehen, mit dem Eingang zu ihm. Er kletterte hinein und fand drinnen die Baba Jaga. Und die Baba Jaga erhob sich und rief:

»Noch nie sah ich einen Russen, und nun kommt ein Russe selbst zu mir. Wen suchest du denn?«

Und Iwan-Zarewitsch erzählte der Baba Jaga, daß er Wassilissa, die Allweise, suche und was er mit ihr erlebt hatte.
»Ich weiß, ich weiß«, sprach die Baba Jaga. »Sie ist nun beim unsterblichen Koschtschej, und es ist sehr schwer, den Koschtschej zu besiegen, denn das Leben des Koschtschej ist in der Spitze einer Nadel, und die Nadel ist in einem Ei, und das Ei ist in einer Ente, und die Ente ist in einem Hasen, und der Hase ist in einer Kiste. Und diese Kiste ruht am Fuße eines alten Eichbaums. Und diesen Eichbaum, den hütet der Koschtschej wie sein linkes und sein rechtes Auge. Aber versuche es immerhin.«
Und sie zeigte Iwan-Zarewitsch den Weg zum Palaste des Koschtschej. Und Iwan-Zarewitsch ging den Weg, den ihm die Baba Jaga gewiesen hatte. Bald sah er den Marmorpalast des Koschtschej, und daneben stand der ungeheure Eichbaum, und Iwan-Zarewitsch wußte nicht, wie er zu dessen Wurzeln gelangen konnte. Aber da trabte ein ungeheurer Bär an ihm vorüber, dieser packte den Eichbaum und riß ihn samt den Wurzeln aus. Und hervor an den Wurzeln kam eine Kiste und heraus sprang ein Hase. Aber ein anderer Hase war hinter ihm her und zerriß ihn, und hervor flog eine Ente und stieg steil empor. Aber eine andere Ente war über ihr und schlug sie, und noch im Sterben ließ die Ente ein Ei fallen, und das versank in den weiten Fluten des Meeres. Iwan-Zarewitsch war verzweifelt und weinte bitterlich. Denn wie sollte er jetzt noch zu dem Ei kommen? Aber siehe, da schwamm ein Hecht zum Ufer, und er trug das Ei zwischen den Zähnen, und er warf es in den Sand. Iwan-Zarewitsch nahm das Ei und zerbrach es, und er nahm die Nadel und brach die Spitze ab. Und der unsterbliche Koschtschej, so sehr er sich wehrte, er mußte doch sterben.
Da ging Iwan-Zarewitsch in den Palast des Koschtschej, und dort kam ihm Wassilissa, die Allweise, entgegen und sie küßte ihn auf den Mund. Dann nahm sie Iwan-Zarewitsch bei der Hand, und er zog mit Wassilissa, der Allweisen, in das Reich seines Vaters.

Russisches Märchen,
neu erzählt von Sigrid Früh

DIE SEEFRÄULEIN VOM MUMMELSEE

Hoch droben über dem Rhein liegt der Mummelsee, in finstern Waldgründen versteckt, auf allen Seiten von den höchsten Gipfeln des mittleren Schwarzwaldes umgeben. Schwarze Tannen werfen ihre Schatten in die tiefen und klaren Wasser, so daß der See einen düstern, fast schauerlichen Eindruck macht. Kaum bemerkt, rollt ein kleiner Abfluß durch Felsen und Fichtenstämme dem Seebachtale und weiter dem Rhein zu. Selten nur belebt ein neugieriger Wanderer oder ein Hirte mit dem Glockengeläute seiner weidenden Kühe oder ein rüstiger Holzhauer diese stille Einöde. Aber nicht immer ist es so stille: Man erzählt viel von Kobolden, die da hausen, und wie es nachts bei dem See herumgeistet. Einige Tage, ehe schlechte Witterung eintritt, bei ruhiger Luft und sonnigem Himmel, wogt und tost es dumpf aus dem Grunde des Sees herauf. Darum heißt er auch der Brummel- oder der Mummelsee.
Indes nicht von Anfang an lag hier der See: in alten Zeiten stand an seiner Stelle ein prächtiges Kloster, und fromme Nonnen wohnten darin. Plötzlich versank es einst in den Abgrund, und der schwarze See bedeckt es seitdem. Mehr als hundert Klafter tief unter den Wassern steht es noch unversehrt auf dem Grunde des Sees, und noch immer wohnen die Nonnen darin; schon viele haben sie gesehen, und jedermann im Seebach weiß von den Seeweiblein zu erzählen. Denn vorzeiten, da kamen sie oft hinunter zu den Bauern, halfen ihnen auf dem Felde oder hüteten die Kinder im Hause. Frühmorgens waren sie schon da, aber sobald es finster war, mußten sie alle wieder im See sein.
Eines von den Seefräulein aber, ein gar schönes und freundliches Jüngferchen, gewann einen jungen Bauernsohn lieb. Als nun wieder Kirchweih im Tal war, da kamen auch die Seeweibchen herab, und nachmittags waren sie auch im hintern Wirtshaus, wo der Tanz war; und die den Bauernsohn liebhatte, die tanzte einen Tanz nach dem andern mit ihrem Liebsten. Das war das schönste Paar unter allen; auch der Bauernbursche gehörte nicht zu den Schlechten, und vielen

Seebachmädchen gefiel er so gut wie dem Seefräulein; so schön wie dieses aber konnte man weit und breit kein Mädchen sehen, und keine tanzte so zierlich und so leicht.
Als es nun anfing dunkel zu werden, da gingen die übrigen zum See hinauf, jene aber konnte noch nicht fortkommen; noch nie hatte sie ihren Liebsten so gern gehabt, und nur noch einen Tanz wollte sie noch mit ihm tanzen. Sie dachte, es werde eben da unten im Tale früher Nacht als droben, und sie wolle dann nachher um so schneller laufen.
So tanzte sie noch einen Tanz, und dann noch einen, und die Zeit verging ihr in ihrer Seligkeit, sie wußte nicht wie. Da läutete es die Betglocke; der Tanz hielt inne. Alles betete in stillem Gemurmel das »Ach bleib bei uns, Herr Jesu Christ«. Jetzt fiel ihr Leichtsinn ihr schwer aufs Herz, rasch zog sie ihren Liebsten hinaus: es standen schon die Sterne am Himmel. Schweigend stiegen die beiden in raschem Lauf den Berg hinauf. Als sie nun am See waren, da sprach sie mit trauriger Stimme zu ihm:
»Jetzt werden wir uns wohl nimmer sehen, denn ich werde sterben müssen. Warte noch eine Viertelstunde, steigt dann Blut aus dem Wasser herauf, so haben sie mich umgebracht, kommt keines, so werde ich bald wieder bei dir sein.«
Als sie dies gesagt hatte, nahm sie ein Rutchen und schlug dreimal damit auf das Wasser; da teilte sich das Wasser, und eine glänzende steinerne Treppe erschien, die auf den Grund des Sees hinunterging, wo das alte Kloster in seiner Pracht deutlich zu sehen war. Das Seefräulein stieg die schöne Treppe hinab, und wie sie drunten war, schloß sich das Wasser wieder zu, und alle Herrlichkeit war verschwunden. Es war dunkle Nacht, keine Tanne bewegte sich, keine Welle regte sich. Endlich stieg ein leiser Wirbel aus der Tiefe des Sees herauf, rotes Blut schwamm darüber, es war von dem umgebrachten Seefräulein.
Seitdem – und das sind schon viele hundert Jahre her – sind die Seefräulein nicht mehr ins Tal hinabgekommen. Bloß hie und da hat schon einer, wenn er sein Vieh herauftrieb, in der Ferne eines am Ufer sitzen sehen, kam er aber näher, so verschwand es schnell unter dem Wasser. Drunten aber im

See, da wohnen sie noch immer, und ihr schönes Kloster steht noch, und auch das hat schon mancher bei recht hellem Wetter aus dem Grunde des Sees heraufschimmern sehen.

Sage aus dem Schwarzwald

PRINZESSIN SPRINGWASSER

Wenn man aus der Stadt Cork geht, unweit der Galgenwiese, liegt ein großer See, auf dem sich winters das Volk mit Schlittschuhlaufen ergötzt, aber die Luft über dem Wasser ist nichts im Vergleich mit der, die darunter ist, denn auf dem Boden dieses Sees stehen Gebäude und Gärten, die prächtigsten, die man je gesehen. Wie sie dahin kamen, hat sich folgendermaßen zugetragen.

Lange bevor ein sächsischer Fuß irischen Grund betrat, lebte ein großer König namens Corc; sein Schloß stand da, wo jetzt der See ist, in einer grünen, meilenbreiten Aue. Mitten im Burghof befand sich ein Springbrunnen so reines, klares Wasser, daß es ein Wunder war. Der König freute sich auch nicht wenig, eine solche Merkwürdigkeit in seinem Schlosse zu besitzen; als aber die Leute in Haufen herbeikamen von fern und von nah, das köstliche Wasser dieses Brunnens zu schöpfen, fürchtete er, daß es mit der Zeit versiegen möchte. Er befahl, eine hohe Mauer rund herumzubauen, und wollte niemand mehr zu dem Wasser lassen, was ein großer Schaden für die armen Leute war, die in der Gegend wohnten. So oft er aber selbst Wasser brauchte, sandte er seine Tochter hin, es zu holen, und vertraute den Schlüssel zu der Quelltüre keinem seiner Diener, aus Besorgnis, sie könnten etwas davon weggeben.

Eines Abends feierte der König ein großes Fest, viele Fürsten waren zugegen, Grafen und Edelleute ohne Zahl, das ganze Schloß war voll Herrlichkeit, Freudenfeuer stiegen in die Wolken auf, der Tanz drehte sich und so süße Musik ging dazu, daß sie die Toten aus ihren Gräbern hätte wecken mögen; Speisen standen für jeden bereit, der hereinkam,

und niemand wurde von dem Schloßtor zurückgewiesen, jedem rief der Pförtner: willkommen, herzlich willkommen! entgegen.
Nun geschah es aber, daß bei diesem großen Feste auch ein junger Prinz erschienen war, lieblich von Ansehen, so schlank und gerade, wie sich ihn nur ein Auge wünschen möchte zu erblicken. Recht lustig tanzte er den Abend mit des alten Königs Tochter auf und nieder, federleicht und die Füße so zierlich setzend, daß es allgemeine Bewunderung auf sich zog. Die Musikanten spielten aufs beste, um einem solchen Tanz Ehre zu machen, und jene tanzten, als stände ihr Leben darauf. Nach dem Tanz folgte das Abendessen, der junge Prinz saß seiner schönen Tänzerin zur Seite, und so oft er mit ihr sprach, lächelte sie ihm zu, er tat es aber lange nicht so oft, als sie wünschte, denn er mußte sich vielmals zu der Gesellschaft umdrehen und für die Komplimente danken, die seiner schönen Tischgefährtin und ihm gemacht wurden.
Mitten in der Mahlzeit sagte einer von den großen Herrn zu dem König Corc: »Mit eurer Majestät Erlaubnis, alles ist hier im Überfluß, was das Herz sich wünschen mag, beides zu essen und zu trinken, nur kein Wasser.«
»Wasser!« sagte der König mit Wohlgefallen darüber, daß jemand das forderte, woran absichtlich Mangel gelassen war: »Wasser sollt ihr gleich haben und von so köstlicher Art, daß ich die ganze Welt auffordere, ein gleiches vorzuweisen. Tochter«, rief er, »geh, hole welches, in dem Goldeimer, den ich dazu habe machen lassen.«
Die Königstochter, welche Fior Usga (Springwasser) hieß, schien eben nicht zufrieden damit, heute vor so vielen Leuten diese gemeine Hausarbeit zu übernehmen. Sie wagte nicht ihres Vaters Geheiß zu widerstreben, aber sie zögerte, auf den Boden schauend. Der König, welcher seine Tochter sehr liebte, merkte ihre Verlegenheit und es tat ihm leid, daß er es von ihr begehrt hatte, doch sein königliches Wort durfte er nicht zurücknehmen, er sann auf ein Mittel, sie gleich dahin zu bringen, daß sie das Wasser holte, und fiel auf den Gedanken, der Prinz, ihr Tischgesell, solle sie begleiten. Mit lauter Stimme sagte er: »Meine Tochter, mich wundert nicht, daß

du dich fürchtest, allein auszugehen so spät in der Nacht, der junge Prinz dir zur Seite, hoffe ich, wird dich begleiten.« Der Prinz hörte das mit Vergnügen und den Goldeimer an die eine Hand nehmend, mit der andern die Königstochter aus dem Saal führend, zog er die Blicke aller Gäste auf sich.

Als sie zu dem Wasserbrunnen im Schloßhof kamen, schloß die schöne Usga das Tor sorgfältig auf, bückte sich mit dem Goldeimer und wollte Wasser schöpfen, aber das Gefäß wurde ihr so schwer, daß sie das Gleichgewicht verlor und in den Brunnen stürzte. Vergeblich strebte der junge Prinz sie zu retten, das Wasser stieg und stieg so mächtig, daß es schnell den ganzen Schloßhof einnahm, außer sich eilte er zurück zu dem König.

Das Brunnentor war offen geblieben, und das lang verschlossene Wasser, froh über die erlangte Freiheit, rauschte unablässig herein, stieg jeden Augenblick höher und war in dem Gastsaal so schnell wie der junge Prinz selbst, dergestalt, daß, wie er versuchte, mit dem König zu reden, er bis an den Hals im Wasser stand. In die Länge stieg das Wasser zu solcher Höhe, daß es die ganze grüne Aue, in welcher des Königs Schloß lag, erfüllte, und so wurde der jetzige See von Cork gebildet.

Aber der König und seine Gäste ertranken nicht, noch seine Tochter, die schöne Usga, sondern die nächste Nacht nach dem schreckenvollen Ereignis kehrte sie zum Festgelag zurück, und seitdem jede Nacht geht das Fest und der Tanz an in dem Boden des Sees und wird so lange dauern, bis es einem gelingt, den Goldeimer herauszubringen, der die Ursache des Unheils war.

Und niemand kann zweifeln, daß dies Gericht darum über den König erging, weil er den Brunnen im Schloßhof den armen Leuten verschlossen hatte. Wer aber das nicht glaubt, gehe hin an den See, wenn das Wasser niedrig und hell steht, so wird er mit guten Augen die Turmspitzen und andere Häuser in der Tiefe erblicken.

Irisches Märchen

DER RING

Es war einmal ein Ritter, der lebte tief im Walde auf seiner alten Burg in geistlichen Betrachtungen und strengen Bußübungen. Kein Fremder besuchte den frommen Ritter, alle Wege zu seiner Burg waren lange mit hohem Gras überwachsen, und nur das Glöcklein, das er bei seinen Gebeten von Zeit zu Zeit zog, unterbrach die Stille und klang in hellen Nächten weit über die Wälder weg. Der Ritter hatte ein junges Töchterlein, die machte ihm viel Kummer, denn sie war ganz anderer Sinnesart als ihr Vater, und all ihr Trachten ging nur auf weltliche Dinge. Wenn sie abends am Spinnrocken saß und er ihr aus seinen alten Büchern die wunderbaren Geschichten von den heiligen Märtyrern vorlas, dachte sie immer heimlich bei sich: »Das waren wohl rechte Toren«, und hielt sich für weit klüger als ihren alten Vater, der alle die Wunder glaubte. Oft, wenn ihr Vater weg war, blätterte sie in den Büchern und malte den Heiligen, die darin abgebildet waren, große Schnurrbärte. Sie war sehr schön und klüger als alle die anderen Kinder in ihrem Alter, weswegen sie sich auch immer mit ihnen zu spielen schämte, und wer mit ihr sprach, glaubte eine erwachsene Person reden zu hören, so gescheit und künstlich waren alle ihre Worte gesetzt. Dabei ging sie bei Tag und Nacht ganz allein im Walde umher, ohne sich zu fürchten, und lachte immer den alten Burgvogt aus, der ihr schauerliche Geschichten vom Wassermanne erzählte. Gar oft stand sie dann am blauen Flusse im Wald und rief mit lachendem Munde: »Wassermann soll mein Bräutigam sein! Wassermann soll mein Bräutigam sein!« Als nun der Vater zum Sterben kam, rief er die Tochter zu seinem Bette und übergab ihr einen großen Ring, der war sehr schwer von reinem Golde gearbeitet. Er sagte dabei zu ihr: »Dieser Ring ist vor uralten Zeiten von einer kunstreichen Hand verfertigt. Einer deiner Vorfahren hat ihn in Palästina mitten im Getümmel der Schlacht erfochten. Dort lag er unter Blut und Staub auf dem Boden, aber er blieb unbefleckt und glänzte so hell und durchdringlich, daß sich alle

Rosse davor bäumten und keines ihn mit seinem Hufe zertreten wollte. Alle deine Mütter haben den Ring getragen, und Gott hat ihren frommen Ehestand gesegnet. Nimm du ihn auch hin und betrachte ihn alle Morgen mit rechten Sinnen, so wird sein Glanz dein Herz erquicken und stärken. Wenden sich aber deine Gedanken und Neigungen zum Bösen, so verlöscht sein Glanz mit der Klarheit deiner Seele und wird dir gar trübe erscheinen. Bewahre ihn treu an deinem Finger, bis du einen tugendhaften Mann gefunden. Denn welcher Mann ihn einmal an seiner Hand trägt, der kann nicht mehr von dir lassen und wird dein Bräutigam.« – Bei diesen Worten verschied der alte Ritter.

Ida blieb nun allein zurück. Ihr war längst angst und bang auf dem alten Schlosse gewesen, und da sie jetzt ungeheure Schätze in den Kellern ihres Vaters vorfand, so veränderte sie sogleich ihre Lebensweise. Die dunklen Bogen, Tore und Höfe der alten Burg wurden niedergerissen, und ein neues, lichtes Schloß mit blendendweißen Mauern und kleineren lustigen Türmchen erhob sich bald über den alten Steinen. Ein großer, schöner Garten wurde daneben angelegt, durch den der blaue Fluß vorüberfloß. Da standen tausenderlei hohe, bunte Blumen, Wasserkünste sprangen dazwischen, und zahme Rehe gingen darin spazieren. Der Schloßhof wimmelte von Rossen und reichgeschmückten Edelknaben, die lustige Lieder auf ihr schönes Fräulein sangen. Sie selber war nun schon groß und außerordentlich schön geworden. Von Ost und West kamen daher nun reiche und junge Freier angezogen, und die Straßen, die zu dem Schlosse führten, blitzten von blanken Reitern, Helmen und Federbüschen.

Das gefiel dem Fräulein gar wohl, aber so gern sie auch alle Männer hatte, so mochte sie doch mit keinem einzigen ihren Ring auswechseln; denn jeder Gedanke an die Ehe war ihr lächerlich und verhaßt.

»Was soll ich«, sagte sie zu sich selbst, »meine schöne Jugend verkümmern, um in abgeschiedener, langweiliger Einsamkeit eine armselige Hausmutter abzugeben, anstatt daß ich jetzt so frei bin wie der Vogel in der Luft.« Dabei kamen ihr alle Männer gar dümmlich vor, weil sie entweder zu unbehilflich waren, ihrem müßigen Witze nachzukommen, oder auf andere hohe Dinge stolz taten, an die sie nicht glaubte. Und so betrachtete sie sich in ihrer Verblendung als eine reizende Fee unter verzauberten Bären und Affen, die nach ihrem Winke tanzen und aufwarten mußten. Der Ring wurde indes von Tag zu Tag trüber.

Eines Tages gab sie ein glänzendes Bankett. Unter einem prächtigen Zelte, das im Garten aufgeschlagen war, saßen die jungen Ritter und Frauen um die Tafel, in ihrer Mitte das stolze Fräulein, gleich einer Königin, und ihre witzigen Redensarten überstrahlten den Glanz der Perlen und Edelgesteine, womit ihr Hals und Busen geschmückt war. Recht wie ein wurmstichiger Apfel, so schön und rot betrüglich war sie anzusehen. Der goldene Wein kreiste fröhlich herum, die Ritter schauten kühner, üppig lockende Lieder zogen hin und wieder im Garten durch die sommerlaue Luft. Da fielen Idas Blicke zufällig auf ihren Ring. Der war auf einmal finster geworden, und sein verlöschender Glanz tat nur eben einen seltsamen, dunkelglühenden Blick auf sie. Sie stand schnell auf und ging an den Abhang des Gartens. »Du einfältiger Stein sollst mich nicht länger mehr stören«, sagte sie in ihrem Übermut lachend, zog den Ring vom Finger und warf ihn in den Strom hinunter. Er beschrieb im Fluge einen hellschimmernden Bogen und tauchte sogleich in den tiefsten Abgrund hinab. Darauf kehrte sie wieder in den Garten zurück, aus dem die Töne wollüstig nach ihr zu langen schienen.

Am anderen Tage saß Ida allein im Garten und sah in den Fluß hinunter. Es war gerade um die Mittagszeit. Alle Gäste waren fortgezogen, die ganze Gegend lag still und schwül. Einzelne, seltsam gestaltete Wolken zogen langsam über den dunkelblauen Himmel; manchmal flog ein plötzlicher Wind über die Gegend, und dann war es, als ob die alten Felsen und die alten Bäume sich über den Fluß unten neigten und miteinander über sie besprächen. Ein Schauder überlief Ida. Da sah sie auf einmal einen schönen, hohen Ritter, der auf einem schneeweißen Rosse die Straße hergeritten kam. Seine Rüstung und sein Helm waren wasserblau, eine wasserblaue Binde flatterte in der Luft, seine Sporen waren von Kristall. Er grüßte sie freundlich, stieg ab und kam zu ihr. Ida schrie laut auf vor Schreck, denn sie erblickte den alten, wundertätigen Ring, den sie gestern in den Fluß geworfen hatte, an seinem Finger und dachte sogleich daran, was ihr ihr Vater auf dem Totenbette prophezeit hatte. Der schöne Ritter zog sogleich eine dreifache Schnur von Perlen hervor und hing sie dem Fräulein um den Hals, dabei küßte er sie auf den Mund, nannte sie seine Braut und versprach, sie heute abend heimzuholen. Ida konnte nichts antworten, denn es kam ihr vor, als läge sie in einem Schlafe, und doch vernahm sie den Ritter, der in gar lieblichen Worten zu ihr sprach, ganz deutlich und hörte dazwischen auch den Strom, wie über ihr, immerfort verworren dreinrauschen. Darauf sah sie den Ritter sich wieder auf seinen Schimmel schwingen und so schnell in den Wald zurücksprengen, daß der Wind hinter ihm dreinpfiff.

Als es gegen Abend kam, stand sie in ihrem Schlosse am Fenster und schaute in das Gebirge hinaus, das schon die graue Dämmerung zu überziehen anfing. Sie sann hin und her, wer der schöne Ritter sein möge, aber sie konnte nichts herausbringen. Eine nie gefühlte Unruhe und Ängstlichkeit überfiel dabei ihre Seele, die immer mehr zunahm, je dunkler draußen die Gegend wurde.

Sie nahm die Zither, um sich zu zerstreuen. Es fiel ihr ein altes Lied ein, das sie als Kind oft ihren Vater in der Nacht, wenn sie manchmal erwachte, hatte singen hören. Sie fing an zu singen:

Obschon ist hin der Sonnenschein,
Und wir im Finstern müssen sein,
So können wir doch singen
Von Gottes Güt' und seiner Macht,
Weil uns kann hindern keine Nacht,
Sein Lobe zu vollbringen.

Die Tränen brachen ihr hierbei aus den Augen, und sie mußte die Zither weglegen, so weh war ihr zumute.
Endlich, da es draußen schon ganz finster geworden, hörte sie auf einmal ein großes Getös von Rosseshufen und fremden Stimmen. Der Schloßhof füllte sich mit Windlichtern, bei deren Schein sie ein wildes Gewimmel von Wagen, Pferden, Rittern und Frauen erblickte. Die Hochzeitsgäste verbreiteten sich bald in der ganzen Burg, und sie erkannte alle ihre Bekannten, die auch letzthin auf dem Bankette bei ihr gewesen waren. Der schöne Bräutigam, wieder ganz in wasserblaue Seide gekleidet, trat zu ihr und erheiterte gar bald ihr Herz durch seine anmutigen und süßen Reden, Musikanten spielten lustig, Edelknaben schenkten Wein herum, und alles tanzte und schmauste in freudenreichem Schalle.
Während des Festes trat Ida mit ihrem Bräutigam ans offene Fenster. Die Gegend war unten weit und breit still wie ein Grab, nur der Fluß rauschte aus dem finsteren Grunde herauf. »Was sind das für schwarze Vögel«, fragte Ida, »die da in langen Scharen so langsam über den Himmel zieh'n?« – »Sie ziehen die ganze Nacht fort«, sagte der Bräutigam, »sie bedeuten deine Hochzeit.« – »Was sind das für fremde Leute«, fragte Ida wieder, »die dort unten am Flusse auf den Steinen sitzen und sich nicht rühren?« – »Das sind meine Diener«, sagte der Bräutigam, »die auf uns warten.« Unterdes fingen schon lichte Streifen an, sich am Himmel aufzurichten, und aus den Tälern hörte man von fern Hähne krähen. »Es wird so kühl«, sagte Ida und schloß das Fenster. »In meinem Hause ist es noch viel kühler«, erwiderte der Bräutigam, und Ida schauderte unwillkürlich zusammen.
Darauf faßte er sie beim Arme und führte sie mitten unter den lustigen Schwarm zum Tanze. Der Morgen rückte indes immer näher, die Kerzen im Saale flackerten nur noch matt und löschten zum Teil gar aus. Während Ida mit ihrem Bräutigam herumwalzte, bemerkte sie mit Grausen, daß er immer blässer ward, je lichter es wurde. Draußen vor den Fenstern sah sie lange Männer mit seltsamen Gesichtern ankommen, die in den Saal hereinschauten. Auch die Gesich-

ter der übrigen Gäste und Bekannten veränderten sich nach und nach, und sie sahen alle aus wie Leichen. »Mein Gott, mit wem habe ich so lange Zeit gelebt?« rief sie aus. Sie konnte vor Ermattung nicht mehr fort und wollte sich loswinden, aber der Bräutigam hielt sie fest um den Leib und tanzte immerfort, bis sie atemlos auf die Erde hinstürzte. Frühmorgens, als die Sonne fröhlich über das Gebirge schien, sah man den Schloßgarten auf dem Berge verwüstet, im Schlosse war kein Mensch zu finden, und alle Fenster standen weit offen. Die Reisenden, die bei hellem Mondenscheine oder um die Mittagszeit am Flusse vorübergingen, sahen oft ein junges Mädchen sich mitten im Strome mit halbem Leibe über das Wasser emporheben. Sie war sehr schön, aber totenblaß.

Joseph von Eichendorff

Melusinen und Seejungfrauen

Eine dramatische Zuspitzung des Ausgeliefertseins an die elementaren Kräfte der Natur bildet das Thema der *erlösungsbedürftigen* Wasserfrau, die Gestalten der *Melusine,* der *Undine,* der Verdammten und Seelenlosen, die sich nach einer Erlösung sehnt. Die durch ein Tabugebot Gebannte wartet voll Sehnsucht auf ihre Befreiung. Nur die Liebe eines menschlichen Gemahls kann sie von der Mißgestalt, dem fischschuppigen Schwanze und der seelenlosen Existenz erlösen. Treuebruch (Undine) und Verletzung des Tabus (Melusine) führt für beide in Verdammnis und Tod. Das wohl berühmteste Melusinenmärchen ist ›Die Geschichte der edlen und schönen Melusina, welche ein Meerwunder und des Königs Helmas Tochter war‹.

Die schöne Melusine

H. Goller 87

DIE GESCHICHTE VON DER EDLEN UND SCHÖNEN MELUSINA,
welche ein Meerwunder und des Königs Helmas Tochter war

Vor langer Zeit lebte einst Graf Emmerich (von Poitiers), ein gelehrter und besonders in der Sternkunde sehr erfahrener Herr, der auch zukünftige Dinge vorauszusagen vermochte. Er besaß reiche Ländereien und war ein großer Freund der Jagd. Er war immer freundlich, kümmerte sich um die Armen und war sehr freigiebig. Als sein Vetter in große Armut geriet, nahm er sich dessen unversorgter Kinder an und ließ dessen jüngsten Sohn, Raimund, als eigenen Sohn in seinem Hause wohnen und erziehen. Er wuchs zu einem schönen Jüngling heran, und Graf Emmerich gewann ihn immer lieber und behandelte ihn mit großer Auszeichnung.

Einmal gingen sie auf Jagd, um einen Eber zu erlegen. Der Graf und Raimund verirrten sich im Walde, sie verloren die anderen Jäger und die Hunde. Aber der Mond schien hell, und die Sterne leuchteten. Der Graf aber blickte gen Himmel, sah das schöne Gestirn der Nacht, betrachtete es lange und seufzte tief: »O Gott, wie groß und unbegreiflich sind deine Wunder!«, und zu Raimund gewendet fuhr er fort: »Komm her, mein Sohn! Ich will dir große Wunder und unerhört seltsame Dinge zeigen! Ich sehe am Himmel, daß in dieser Stunde einer seinen Herren töten und selbst ein gewaltiger Herr werden wird!« Raimund schwieg still, und so ritten sie weiter.

Da trafen sie auf ein Feuer, welches Hirten im Walde angemacht und verlassen hatten. Sie legten Holz auf, um sich zu wärmen. Plötzlich hörten sie etwas durchs Holz brechen. Ein Eber kam mit wildem Schnauben auf sie zu. Der Graf versuchte mit seinem Spieß den Eber zu erlegen, dieser jedoch warf den Grafen zu Boden. Raimund sprang herzu, ergriff den Spieß und wollte den Eber durchbohren. Jedoch er verfehlte sein Ziel, und er traf den Grafen! Da begann Raimund bitterlich zu klagen, und er rang die Hände und raufte sein Haar: – »Ach, ich habe meinen Wohltäter erschlagen, ihm, der mir sein Herz gab, habe ich sein Leben genommen! Wär ich nur auch tot! Solange ich lebe, wird man denken, ich hätte meinen Herrn meuchlings ermordet!« Endlich setzte er sich auf sein Roß, klagte und schrie ohne Unterlaß und ließ – versunken in sein Leid – sein Pferd gehen, wohin es wollte.

So kam der junge Ritter in die Nähe eines Brunnens, der wurde der Durstbrunnen genannt. Bei dem Brunnen standen drei wunderschöne Jungfrauen, aber Raimund war so sehr in seinen Kummer vertieft, daß er dieselben nicht wahrnahm. Da trat die jüngste und lieblichste ihm entgegen und sprach: »Ei, habe ich doch nicht geglaubt, daß es einen Ritter gäbe, der ohne Gruß und freundliche Anrede bei Frauen vorübereilte!« Aber Raimund hörte so wenig, als er sah, sondern klagte immer noch sich selber sein Leid, als die Jungfrau seinem Roß in den Zügel griff und rief: »Seid Ihr aus adeligem Blut, Herr Ritter, so reitet nicht so ohne Gruß vorüber!« Da schlug Raimund die Augen empor und erblickte das wunderliebliche Fräulein, erschrak aber heftig, denn er wußte nicht, ob er ein irdisches Weib oder ein Geschöpf aus einer andern Welt wahrnehme. »Ihr habt gar ein betrübtes Aussehen, Herr Ritter«, fuhr die Jungfrau fort, »und schwerer Kummer scheint auf Eurer Seele zu lasten; aber darum sollet Ihr doch nicht unterlassen, was ritterliche Höflichkeit gebietet!«

Raimund schwang sich schnell vom Roß und sagte, sich ehrerbietig verneigend: »Holdseliges Fräulein, vergebet mir meinen Fehler!« Aber wie erstaunte er, als ihn die Jungfrau beim Namen nannte und sagte: »Ach, Raimund, werter Freund, Eure Klagen sind mir herzlich leid!« – »Woher«, rief der Ritter, »woher, edles Fräulein, wisset Ihr meinen Namen, da ich Euch doch nie in meinem Leben erblicket? Hätte ich Euch nur einmal gesehen, Euer Bild würde nie meinem Andenken entschwunden sein. Seht, wenn ich Euch jetzt so anschaue, so heitert sich mein betrübtes Gemüt auf, und es redet eine Stimme in meinem Herzen, als

wäret Ihr es, von der ich einigen Trost in meinem Elende zu erwarten hätte.«
Die Jungfrau erwiderte: »Raimund, obschon Ihr Euren Herrn und teuren Ohm getötet und Euch selbst dadurch in Angst und Jammer gestürzt habt, so möge Euch doch dieses zu einiger Beruhigung dienen, daß Ihr nur ohne Euern Willen diese Tat vollbracht habt. Folget meinen Lehren und es soll Euch an Glück, Gütern und Ehre niemals fehlen, vielmehr sollt Ihr glücklicher, reicher und geehrter werden, als irgendeiner aus Eurem Hause noch gewesen ist. Euer Ohm selbst hat es Euch geweissagt, und mit Gottes gnädiger Hilfe soll es vollbracht werden.«
Als Raimund hörte, daß sie den Namen Gottes nannte, so fiel es ihm wie ein Stein vom Herzen, denn obgleich ihm aus dem Angesicht der Jungfrau eine himmlische Schönheit entgegenleuchtete und sein Herz mächtig anzog, so war ihm doch ein Zweifel angewandelt, ob ihr seltsames, mehr als menschliches Wissen nicht vielleicht durch böse verworfene Künste erworben sei. »Gern, liebliches Fräulein«, sagte er, »will ich auf Eure Lehren hören und sie beherzigen; aber sagt mir, woher Ihr meinen Namen und die Ursache meines Kummers kennet?« – »Tröstet Euch!« erwiderte die Jungfrau, »ich bin die, durch welche alles in Erfüllung gehen kann und soll, was kurz vor seinem Tode Euer edler Oheim Euch geweissagt. Zweifelt auch nicht an mir, ich fürchte Gott, und unter keiner andern, denn unter seiner gnädigen Hilfe sollet Ihr glücklich werden!«
Da Raimund dies hörte, schlug sein Herz fröhlich und mutig auf, und alles was ihm vorher noch unheimlich und gespensterhaft an der lieblichen Erscheinung gedünkt hatte, verschwand vor seinen Blicken. »Holdseliges, liebreizendes Mädchen«, rief er, »sage, was ich tun soll, ich bin bereit, dir in allem Folge zu leisten!« – »Zunächst, lieber Raimund«, flüsterte sie, »sollst Du mir schwören beim allmächtigen Gott, daß Du mich zu Deinem ehelichen Weibe nehmen willst, und ferner sollst Du geloben, daß, wenn ich nun Deine Gemahlin bin, jeder Sonnabend ganz mein eigen sein soll, so daß du an diesem Tage weder nach mir begehrest,

noch nach mir forschest, noch mich von einem andern beobachten lässest. Dagegen will ich Dir schwören und geloben, daß ich Dein treues und gehorsames Weib sein will und an jenen Tagen, welche Du mir frei geben sollst, mit niemand zusammenkommen, noch an einen Ort mich begeben will, der Dir zu Schaden und Nachteil gereichen könnte!«

Raimund leistete glückseligen Herzens den geforderten Schwur, aber Melusina seufzte schwer und sagte wie in tiefer Bekümmernis: »Ach, Raimund, ich weiß wohl, daß Du Deinen Eid nicht halten wirst; aber ich sage Dir: wenn Du ihn brichst, so wirst Du mich verlieren und nimmermehr wiedersehen, Dein Glück wird schwinden, Deine Güter werden abnehmen.« Der Ritter aber schwur noch einmal und versicherte hoch und teuer, daß er sein feierliches Gelübde unverbrüchlich halten werde.

»Lasset es jetzt«, sagte die Jungfrau, »steiget wieder auf Euer Roß und reitet gen Poitiers. Wenn sie Euch fragen, wo Euer Herr geblieben, so saget, Ihr hättet ihn im Walde verloren. Sie werden den Leichnam finden und ihn auf das Schloß bringen, wo sich großes Trauern und Klagen erheben wird. Nehmet Euch der Witwe und der Waisen an und tröstet sie in ihrem Unglück. Wenn aber der edle Herr begraben sein wird, so werden seine Lehnsmannen sämtlich nach dem Schlosse kommen. Dann tretet auch Ihr vor Euren Vetter und bittet ihn um eine Gnade, nämlich um so viel Landes am Durstbrunnen samt allem, was darauf steht, als man mit der Haut eines Hirsches umspannen kann. Der junge Graf wird der treuen Dienste gedenken, die Ihr seinem Vater getan, und Euch Eure Bitte nicht versagen, Ihr aber vergesset nicht, das Geschenk durch eine Urkunde mit Namensunterschrift und Siegel versichern zu lassen. Wartet dann noch eine Weile bei Hofe, so wird Euch ein Mann begegnen, welcher eine Hirschhaut feil bietet. Kauft ihm dieselbe ab und gebt ihm, was er verlangt; nachher aber schneidet die Hirschhaut in so dünne und feine Riemen, als nur möglich ist, bindet die Riemen in einem Büschel und kommt hierher zum Durstbrunnen. Hier umspannet Ihr dann so viel ringsum des Landes, als die Riemen vermögen, und das zwischen ihnen liegende Land wird Euer Eigentum sein. Und nun lebe wohl, mein Raimund; Gott tröste Dich! Dort geht der Weg nach Poitiers. Wenn Du alles ausgeführt hast, was ich Dir gesagt, so werden wir hier am Durstbrunnen uns wiedersehen!«

Raimund kehrte nach Poitiers zurück und es geschah, wie ihm Melusina gesagt hatte. Als er allein ankam, fragte man ihn, wo er den Grafen gelassen habe? Er aber sagte, daß er am vorigen Abend auf der Jagd von ihm abgekommen wäre. Nach und nach kam ein Diener des Grafen nach dem andern, und allen war es eben so gegangen, wie Raimund vorgegeben hatte. Nur zwei Diener blieben noch aus, und als sie endlich ankamen, führten sie den Leichnam mit sich und sagten, daß sie ihn bei einem Eber tot im Walde gefunden hätten. Schon vorher war im Schlosse Wehklagen um den vermißten Grafen Emmerich geführt worden; als man nun aber des geliebten Herrn entstellten Leichnam erblickte, wurde der Jammer noch viel größer. Mit hohen Ehren wurde der edle Herr am nächsten Tage bestattet, und Raimund zeigte dabei eine so große Betrübnis, daß bei niemand auch nur der geringste Zweifel gegen ihn aufkam.

Bald erschienen die Vasallen vor dem Sohne des Verstorbenen, dem Grafen Bertram, um, der Sitte gemäß, ihm ihre Huldigung darzubringen und ihre Besitzungen als Lehen von ihm zu empfangen. Da trat auch Raimund vor und tat die Bitte, welche ihn Melusina gelehrt hatte. Graf Bertram antwortete: »Ich will Dir gern Deine Bitte gewähren, wenn meine Räte dagegen nichts einzuwenden haben!« Die Räte stimmten zu, und so erhielt denn Raimund eine Urkunde über die Schenkung, wie es sich gehörte, unterschrieben und besiegelt.

Noch an demselben Morgen traf Raimund einen Mann, der eine Hirschhaut feilbot, und kaufte ihm dieselbe ab, ließ sie auch in lange schmale Riemen zerschneiden und begab sich wieder zum Grafen, bittend, daß ihm sofort die bewußte Schenkung übermacht werden möge. Graf Bertram befahl sogleich, daß mehrere seiner Diener und einige seiner Räte

mit Raimund zum Durstbrunnen sich begeben und ihm das Land überantworten sollten, das er mit der Hirschhaut umspannen würde. Als sie nun zum Durstbrunnen kamen und sahen, wie Raimund aus der Haut einen langen Riemen geschnitten hatte, wunderten sie sich und waren ratlos, was sie in diesem unvorhergesehenen Falle zu tun hätten. Sie sahen auch, wie zwei unbekannte Männer herzutraten, einen Pfahl in die Erde steckten und daran das eine Ende des dünnen Riemens befestigten, dann aber den Faden weit ringsum zogen, so daß er den Durstbrunnen und weit umher Wald und Felsen und einen großen Teil des Tales, in welchem ein Bach floß, umfing. So sehr sich die Räte aber auch wunderten, so mußten sie doch an Raimund, der ihnen die mit des Grafen eigener Hand unterzeichnete Urkunde vorhielt, die ganze schöne Besitzung übergeben.
Sie ritten darauf nach Poitiers zurück und erzählten dem Grafen alles, was sich begeben. Der Graf aber sagte: »Das mag wohl mit rechten Dingen nicht ganz zugegangen sein, und schon oftmals habe ich von wunderbaren Erscheinungen gehört, die sich in der Nähe des Durstbrunnens zugetragen; möge es Gott ihm aber zum Besten lenken, denn es ziemt mir, meinem Freunde und Vetter alles Gute zu gönnen und zu wünschen.« Indessen war auch Raimund zurückgekehrt und dankte dem Grafen für das ihm erteilte Geschenk, wurde von demselben auch gnädig und freundlich empfangen.
Am nächsten Morgen ließ Raimund früh sein Pferd satteln und ritt nach dem Durstbrunnen. Da trat ihm Melusina freundlich entgegen und sagte: »Sei mir herzlich willkommen, lieber Raimund! Du hast Dich als ein weiser und verständiger Mann bewiesen und alles klüglich ausgeführt, was ich zu Dir geredet habe; darum sollst Du nun auch Dank und Ehre empfangen.« Damit reichte sie ihm die Hand und führte ihn nach einer Kapelle, die er früher nicht wahrgenommen hatte. Dort fanden sie ein zahlreiches Volk versammelt, darunter auch schöne und reich gekleidete Damen, Ritter, Priester und Knechte in Menge. Raimund konnte seine Bewunderung nicht bergen und fragte die

Jungfrau, woher die gekommen. »Wundere Dich nicht«, sagte Melusina, »sondern glaube, daß sie alle Deine Untertanen sind.« Dann aber wendete sie sich zu dem Volk und befahl allen, Raimund, ihrem Bräutigam und künftigen Gemahl, gehorsam und untertan zu sein und ihn als ihren Herrn und Gebieter zu betrachten. Solches taten sie auch von Stund an und gelobten ihm Treue, Liebe und Gehorsam.

Raimund aber beschlich abermals eine Bangigkeit, was doch seine Geliebte für ein wunderbares Wesen sein möge, und betete inbrünstig in seinem Herzen zu Gott. Melusina aber, als wenn sie die Gedanken seiner Brust zu lesen vermochte, sagte: »Zweifle nicht an mir, teurer Raimund, nicht eher wirst Du meinen Stand und mein Wesen erkennen, als wenn Du mein ehelicher Gemahl sein wirst.« – »Holde Geliebte«, sagte Raimund, »ich bin bereit, jetzt und allzeit in allen Dingen Euch zu Willen zu sein.« – »Nun wohl«, erwiderte die Jungfrau, »so laß uns daran denken, wie wir unsere Hochzeit auf geziemende Weise ausrichten. Lade von Deinen so viele Du willst, und sei unbekümmert, es wird an aller Bequemlichkeit, an Speise und Trank kein Mangel sein. Es ist alles bereit, und zum nächsten Montag erwarte ich Dich mit Deinen Gästen an dieser Stelle.«

Raimund ritt nun eilend zurück nach Poitiers, trat vor den Grafen Bertram und sprach: »Gnädiger Herr Vetter, da ich Euer Diener und Verwandter bin, so ziemet es sich, Euch nicht länger ein mich betreffendes Geheimnis vorzuenthalten, sondern Euch anzuzeigen, daß ich mich zu vermählen gedenke und am kommenden Montag am Durstbrunnen Hochzeit halten werde. Ich hoffe, Ihr und Eure gnädige Mutter werden mir Eure Gesellschaft nicht versagen.«

Der Graf antwortete: »Lieber Herr Vetter, herzlich gern will ich Eure freundliche Einladung annehmen und hoffe, auch meine Frau Mutter wird sie nicht ausschlagen. Aber saget mir noch dies eine: wer und woher ist Eure Braut, und habet Ihr Euch auch wohl vorgesehen, daß Ihr Euch durch Eure Wahl ein echtes und bleibendes Glück bereitet habt? Aus welchem Lande ist Eure Braut, welches ist ihr Name

und ihr Stand?« – »Es gehet nicht an«, sagte Raimund, »daß ich Euch, Herr Vetter, gegenwärtig anzeige, woher und welches Namens meine Braut sei; habet die Güte, Euch damit zu begnügen, daß Ihr selbst sie wegen ihres Standes betrachten und prüfen könnet.«
Da sich nun der Graf nicht wenig wunderte, daß Raimund eine Gattin wählen wolle, ohne Stand und Verwandtschaft derselben zu kennen, sagte dieser: »Herr Vetter, meine Braut ist so wunderhold und schön, so klug und vollkommen in allen ihren Gebärden, daß sie wohl einer Königstochter gleichet. Nie in meinem Leben habe ich ein herrlicheres Geschöpf gesehen, und darum habe ich nicht gefraget, aus welchem Geschlecht sie stamme. Genug, sie besitzt mein Herz, und darum will auch ich das ihre besitzen.« Da sah der Graf wohl ein, daß sein Vetter nicht auf andere Gedanken zu bringen sei, und sagte ihm daher zu, daß er samt seiner Mutter und allen den Seinen am bestimmten Tage zur Hochzeit erscheinen wolle, wofür sich Raimund höflichst bedankte.
Am Montag, frühmorgens, ritten der Graf Bertram, seine Mutter, alles Hofgesinde und eine große Anzahl von Rittern und Knechten nach dem Durstbrunnen zu, um die Hochzeit mitzufeiern. Unterwegs dachte der Graf, es würde wohl mager dort zugehen und er und seine Dienerschaft würden schlechte Herberge finden, er schwieg aber still und wartete es ab. Wie sie nun durch den Wald zogen und von fern den Fels am Durstbrunnen erblickten, siehe, da schimmerten zwischen den Bäumen durch viele schöne, herrlich aufgeputzte Zelte, welche auf dem grünen Rasen standen, rings um den Durstbrunnen stieg Rauch auf von den Speisen, welche in den Küchen bereitet wurden; überall wimmelte es von Volk, vornehme Herren und Damen bewegten sich auf dem Rasen vor den Zelten, und zahlreiche Diener waren bemüht, ihnen aufzuwarten.
Alles dieses kam dem Grafen Bertram und seinen Begleitern wie ein Zauberbild vor, aber schon ritten ihnen sechzig Reiter entgegen auf herrlichen Rossen, in kostbaren Gewändern und schimmernden Waffen, wohlgewachsene Männer von

adeliger Haltung. Diese empfingen den Grafen und seine Mutter, die Gräfin, erwiesen ihnen alle Höflichkeit mit ritterlichem Anstande und führten jene zu Raimund, als dem Herrn, welchem sie dienten. Für die Gäste und ihre Leute und Rosse war auf das sorgfältigste und mit verschwenderischer Pracht gesorgt. Edeldamen empfingen die Gräfin, und Raimund führte seinen Herrn Vetter in die für ihn bereitete Wohnung, zu welcher eine mit köstlichen Kleinodien gezierte Kapelle gehörte.

Sodann wurde zur Brautmesse geläutet; da traten die Jungfrauen hervor, welche Melusina führten. Melusina hatte die wunderbare Schönheit ihres Körpers mit köstlichen Gewändern umgeben, tausend Edelsteine schimmerten wie Sterne auf dem hellblauen Grunde ihres Kleides, aber allen Glanz dieser Sterne überstrahlte das holdselige Angesicht der Jungfrau, gleich einer Sonne, so daß sie mehr einem Engel denn einem sterblichen Wesen glich. Graf Bertram, der ihr beim Eintritt in die Kapelle entgegeneilte, war wie geblendet von dieser überirdischen Erscheinung und überhäufte sie mit Ehrenbezeugungen, welche sie mit Sittsamkeit und Bescheidenheit aufnahm und soweit es sich ziemte, erwiderte. Indem ertönte eine liebliche Musik von sichtbaren und unbekannten, aber überaus wohltönenden Instrumenten. Aller Herzen jubelten auf, und Graf Bertram sprach zu sich selber: Wahrlich, das ist ein herrliches Hochzeitsfest, wie man an so seltsamem Orte noch niemals gehört hat.

Raimund und Melusina standen vor dem Altar und die vornehmsten Hochzeitsgäste, Graf Bertram und die Gräfin Mutter, zur Seite des Bräutigams und der Braut. Ein Bischof im prachtvollen Ornate trat vor den Altar, segnete sie und legte ihre Hände ineinander, daß sie fortan in untrennbarer Liebe und Treue zusammensein sollten. Nachdem aber die heilige Handlung vollzogen war, reichte Graf Bertram der jungen Vermählten den Arm, und ein vornehmer regierender Herr aus derselben Gegend ging an ihrer linken Seite. So schritt der festliche Zug, dem sich der Bräutigam und die übrigen Gäste anschlossen, in ein prachtvoll aufgeputztes

Zelt. Diener in kostbarer Kleidung reichten steinerne Bekken mit klarem Wasser, und nachdem man die Hände benetzt und an feinen weißen Tüchern getrocknet, setzte man sich zum Mahle. Graf Bertram und der vorher genannte Herr, nebst der Mutter des Grafen, saßen zunächst der reizenden Melusina. Raimund aber und die vornehmsten der Dienstmannen, adelige Jünglinge trugen die Speisen auf, wie es die Sitte der Zeit mit sich brachte. Sie pflegten dieses Dienstes mit gar feinen und zierlichen Sitten, und zu den seltenen und wohlschmeckenden Speisen schenkten sie reichlich von den edelsten Weinen. Was Frankreich, Deutschland und Spanien nur hat von köstlichem Rebensaft, das floß in goldnen und purpurnen Strömen aus silbernen Kannen in kristallene Becher. Fröhliche Gespräche kreisten rund um die Edlen, und dazu ertönte herzerfrischende Musik wunderbarer Instrumente.
Als die Tafel aufgehoben wurde, da brannte den Rittern das Herz in Streitlust und Mut, und sie forderten Waffen und Rosse, und hinaus ging es auf den Turnierplatz, der mit weichem Sande bestreut und geebnet und mit flaggenden Fähnlein umsteckt war. Auf den Seiten waren Balkone errichtet und mit kostbaren Decken und Teppichen behangen, da saßen die edlen Frauen in wunderbarer Schönheit und schauten herab auf den Kampfplatz. Die Trompeten schmetterten, die Rosse schnaubten, und die Ritter flogen zum Streit. Viele köstliche Kleinodien wurden von der schönen Melusina und von dem Grafen Bertram ausgesetzt, und mancher edle Gast trug schöne Siegeszeichen davon. Es war ein ritterliches Turnier, und die Damen schauten mit leuchtenden Augen zu.
Raimund tummelte sein Roß bis an den Abend und empfing den Dank aus den Händen seiner teuren Melusina. Als es aber Abend geworden war, setzte man sich abermals zu Tisch, und sittige Reden, vermischt mit heiterem Scherz, würzten das Mahl. Dann rief fröhliche Musik zum Tanz, und bis tief in die Nacht flogen im bunten Reigen glückliche Paare. Als es aber Zeit zu sein schien, da traten Melusinas Jungfrauen zu ihr und baten sie, mit ihnen in das Schlafge-

mach zu gehen und führten sie in das für sie bereitete Zelt. Ringsum waren die Wände desselben mit herrlichen Teppichen behangen, auf denen mit bunter Seide, Gold und Silber seltene Vögel, Blumen und Sterne gewirkt waren, Blumengirlanden und Fruchtgewinde zogen sich ringsum in zierlicher Ordnung und schwebten von Wand zu Wand.
Inmitten des Gemaches aber stand das Brautbett mit seidnen Kissen und Decken. Es war von köstlichem Holze zierlich gearbeitet; Säulen bildeten die Füße und dazwischen schwebten beflügelte Liebesgötter in anmutigem Spiele, und »Raimund und Melusina« war in herzinniger Verschlingung zu lesen. Rosen und Lilien und andere zartduftende schöne Gewächse, wunderbar herrliche Pflanzen aus unbekannten Gärten standen rings um das Lager. Nachdem die Jungfrauen Melusina den Kranz und die Gewänder abgenommen, zogen sie sich zurück, und Raimund wurde nun seinerseits in das Brautgemach von dem Grafen Bertram und dessen Mutter geführt. Auch der Bischof kam mit, segnete noch einmal das Paar und betete über dasselbe, daß es der allmächtige Gott in seinen gnädigen Schutz nehmen möge. Darauf zogen sich alle unter herzlichen Glückwünschen zurück. Die bejahrteren Gäste begaben sich nun ebenfalls zur Ruhe und fanden in ihren Zelten alles auf das Kostbarste und Sorglichste eingerichtet. Die Jugend aber schwärmte noch die ganze Nacht hindurch.
Auch des köstlichen Weines ward nicht vergessen, und so währte Lust und Freude, bis der Morgen erschien. Raimund und Melusina hatten das hochzeitliche Lager bestiegen und mit zärtlicher Liebe hielten sie einander umschlungen; da sprach Melusina: »Raimund, mein allerliebster Freund und Gemahl! Das Glück hat uns zusammengefügt, daß wir in ehelicher herzinniger Liebe beieinander bleiben sollen bis an das Ende unserer Tage. Sieh, mein teurer Raimund, ich ergebe mich ganz in Deinen Willen und Dein Gebot, aber halte auch Du, was Du mir versprochen und mit feierlichem Schwur versichert hast. Du hast nicht mit Unrecht Deinem Vetter, dem Grafen von Poitiers, geantwortet, daß ich von edlem Geschlecht sei. Glück, Ehre und Reichtum werden

Dir nimmer mangeln, höher als einer Deiner Vorfahren wirst Du steigen – wenn Du hältst, was Du mir gelobet hast. Not, Armut und Kummer dagegen wird, mein lieber Gatte, Dein Los sein, wenn Du Dein Versprechen brichst; ach! und was das Traurigste für mich selber ist, Du wirst auch mich verlieren und nie – nie mich wiederfinden.«

Noch einmal gelobte ihr Raimund unter herzlichem Umarmen, daß er seinen Eid mit unverbrüchlicher Treue halten werde. »O, wenn Du es tätest, mein Raimund«, rief Melusina, »dann wärest Du in glücklicher Stunde geboren!« Damit umschlang sie ihn mit unaussprechlicher Zärtlichkeit. In Liebe und Entzücken durchwachten sie eine glückliche Nacht.

Noch vierzehn Tage währten die hochzeitlichen Feste in Freude und Herrlichkeit. Immer neue und höhere Genüsse waren den entzückten Gästen bereitet, am fünfzehnten Tage aber schloß Melusina einen elfenbeinernen Schrank auf, darin lagen herrliche Kostbarkeiten an Perlen, Gold und Edelgestein, dergleichen man niemals gesehen hatte, und mit diesen beschenkte Melusina die Gräfin Mutter und wer sonst an edlen Frauen bei der Hochzeit gewesen war. Da waren alle des Staunens und der Bewunderung voll und priesen Melusina und die glückliche Stunde, in welcher Raimund sie gefunden hatte. Graf Bertram und seine Mutter samt ihrer Begleitung, sowie die anderen Gäste, die zur Hochzeit geladen gewesen waren, schieden dankbar und herzlich glückwünschend von dem jungen Paare, Raimund aber gab mit seinem ritterlichen Gefolge dem Grafen das Geleit bis an die Grenze des Waldes, und obschon dieser gern noch einmal gefragt hätte, wer Melusina eigentlich wäre, so unterdrückte er doch seine Neugierde, denn er fürchtete, Raimund könne in ihr einen ungebührlichen Zweifel an der edlen Abkunft seiner Gemahlin finden.

Acht Tage waren dem jungen Ehepaare in tausend Freuden verflossen, da erschienen auf Melusinas Befehl eine große Menge von Handwerksleuten und Arbeitern und begannen ein Schloß zu bauen. »Das Schloß soll nicht anders denn Lusinia heißen und soll zu meines Namens Gedächtnis bis in die spätesten Zeiten stehen!« sprach Melusina. Nachdem sich die glücklichen Gatten in dem schönen Schlosse wohl eingerichtet hatten, kam die Zeit heran, daß Melusina eines Kindleins genesen sollte. Sie gebar einen starken und an Gliedern wohlgestalteten Knaben und nannte ihn Uriens. Das Gesicht des Knaben, aus dem nachmals ein gar mannhafter Ritter wurde, war jedoch wunderbar mißgestaltet, denn es war kurz und breit, und unter der flachen Stirn lag ein grünes und ein rotes Auge, der Mund war groß und weit, und die Ohren hingen lang herab.

Auch die Söhne, welche Melusina in den folgenden Jahren zur Welt brachte, zeichneten sich sämtlich durch eine auffallende Gesichtsbildung aus. Der zweite Sohn, Gedes, hatte eine solche Röte im Angesicht, daß förmlich ein Schein von demselben ausging, übrigens aber war er schön gebildet und von geschickten Gliedmaßen. Dem Gyot, Melusinas drittem Sohne, stand das eine Auge etwas höher als das andere, obschon er übrigens schön war. Antoni ward der vierte Sohn geheißen; der hatte auf dem einen Backen einen Löwengriff, war ganz rauh von Haaren und hatte lange Nägel an den Fingern. Wer ihn sah, der mußte sich fürchten; er war wild und ein Schrecken seiner Feinde.

Als es Gott fügte, daß Melusina ihren fünften Sohn gebar, welcher den Namen Reinhardt erhielt, da hatte der Knabe nur ein Auge. Dasselbe stand ihm aber mitten auf der Stirn, und er sah mit demselben so viel als andere mit zwei Augen. Der sechste Knabe Geoffroy brachte einen Zahn mit auf die Welt, der war so groß, daß er wie ein Eberzahn zum Munde herausragte. Als er den sah, erschrak Raimund, denn er gedachte der Missetat, die er an seinem edlen Ohm verübt hatte, als er den Eber töten wollte.

Freimund, das siebente Knäblein, welches Melusina gebar, wurde ein kluges Kind, hatte aber auf der Nase einen garstigen haarigen Fleck, der war nicht anders anzusehen, denn wie ein Stück Wolfshaut. Hatte Reinhardt ein Auge zu wenig, so war dagegen sein Bruder Horibel mit einem zu viel ausgestattet. Denn außer den zwei gewöhnlichen Augen hatte dieser achte Sohn Melusinas noch ein drittes Auge

auf der Stirn. Derselbe zeigte nachmals böse Sitten und ein arges Gemüt.
Zuletzt gebar Melusina hintereinander noch zwei Söhne, von denen der ältere Dietrich, der jüngere wie sein Vater Raimund geheißen war, und die beide ohne Fehl waren. Raimund war Melusinas zehnter und letzter Sohn.
Inzwischen verflossen die Jahre, Raimund und Melusina lebten glücklich und zufrieden. Alle ihre Söhne waren trotz ihrer außergewöhnlichen Gestalt zu Ruhm und Ehre gelangt und waren tapfere Ritter und mächtige Herrscher geworden. Ach! Aber das Unglück, welches über Raimund kommen sollte, stand schon vor der Türe!
Es war eines Sonnabends, als Raimund Melusina wie gewöhnlich vermißte, denn diesen Tag hatte sie sich von ihm ausbedungen. Raimund hatte bisher seinen Eid, daß er an diesem Tage nicht nach ihr forschen wolle, treu gehalten, denn er liebte sie und hatte keinen Argwohn gegen sie. In derselben Zeit aber war Raimunds Vater, der alte Graf vom Forst, gestorben, und es war ihm sein ältester Sohn als Graf gefolgt. Dieser kam an jenem Sonnabende seinen Bruder Raimund zu besuchen, und dieser hatte, um ihn zu ehren, aus der Umgegend viele vornehme Gäste zu sich geladen.
Als nun die Gäste ankamen, wendete sich der Graf vom Forst an Raimund und sagte ihm, er möge doch seine Gemahlin rufen lassen, daß sie die Gäste gebührendermaßen empfange. »Lieber Bruder«, sagte Raimund, »heute verlange meine Gemahlin nicht zu sehen, morgen wird sie Dich begrüßen.« Hierbei begnügte sich der Graf vom Forst fürs erste, nach dem Mittagessen aber nahm er seinen Bruder auf die Seite und sagte zu ihm: »Raimund, lieber Bruder, glaube mir, daß ich herzlich um Dich besorgt bin. Siehe, es geht ein allgemeines Gerücht in dem Lande, das sagt, Du seist verzaubert, und Deiner Gemahlin, nach der Du keinen Sonnabend fragen darfst, wird viel Übles nachgesagt. Ich muß Dir dies aber sagen, weil ich Dein Bruder bin und die Schande mir zu Herzen geht, welche die Leute Dir und Deiner Gemahlin antun. Einige meinen, sie pflege heimliche Buhlschaft; andere, sie sei ein Ungeheuer, welches zu Zeiten

die menschliche Gestalt ablegen müsse. Darum solltest Du nachforschen, wie Deine Frau die Sonnabende zubringt, um entweder selbst des bösen Zaubers Dich zu entledigen, oder das üble Gerede der Leute aus Überzeugung widerlegen zu können.«

Als Raimund diese Rede seines Bruders vernahm, wurde er rot und bleich vor Zorn, griff nach seinem Schwerte und eilte in die Gemächer seiner Gemahlin, welche sie besonders für sich hatte anlegen lassen und die er bis dahin noch niemals, seinem Versprechen gemäß, betreten hatte. Bald kam er an eine eiserne Tür und stand still, überlegend, was er zu tun im Begriff sei. Er gedachte der Rede seines Bruders und wie seine Gemahlin vielleicht in diesem Augenblick eine Sünde begehe, welche ihm selbst zu Schaden und Unehre gereiche, aber er wollte sie über der Tat ereilen, um sie desto gerechter mit seiner Rache zu treffen. Er entblößte das Schwert und trat der Tür näher, als er in derselben eine Öffnung entdeckte, durch welche er das ganze Gemach zu übersehen vermochte.

Pochenden Herzens legte er sein Auge an die Öffnung. Er sah, wie das Gemach eine wunderbare Grotte war, auf deren Boden ein Springquell sein kristallklares Wasser in ein weites Becken ergoß. Melusina ganz entkleidet badete sich. Sie tat, als merkte sie nicht, daß sie beobachtet werde, und kämmte ihr langes, herrlich gelocktes Haupthaar. Wie erschrak und erstaunte aber Raimund, als er bemerkte, daß Melusina nur bis zur Mitte des Leibes ein überaus schönes blühendes Weib sei, von da an aber ihr Körper in einen garstigen Schlangen- oder Drachenschwanz auslief, welcher in azurblauer Farbe mit weißem Silberfaden besprengt glänzte.

Eine Zeit lang stand Raimund in den seltsamen Anblick und tiefes Nachsinnen versenkt, der Angstschweiß lief ihm von der Stirn, denn obgleich ihm vor der abschreckenden Gestalt, in welcher ihm sein Weib erschien, innerlich graute, so sah er doch auch ihr holdes, nur Unschuld und Liebe ausdrückendes Gesicht, gedachte ihrer Tugend und Frömmigkeit, ihrer treuen Liebe und ihres Gehorsams. Er kämpfte einen harten Kampf mit sich selbst, ging endlich schweigend wieder zurück, machte sich selbst Vorwürfe, daß er sich zum Zweifel an der Treue seiner Gemahlin habe hinreißen lassen und faßte einen tiefen Groll gegen seinen Bruder, welcher ihn zu der Unbesonnenheit verleitet hatte, die ihm nach Melusinas Weissagung all sein herrliches Lebensglück kosten sollte. Als ihn aber sein Bruder tiefsinnig und mit zornfunkelnden Augen zurückkommen sah, empfing er ihn mit den Worten: »Ich sehe es Dir an, lieber Bruder, daß Du die Untreue und Ehrlosigkeit Deines Weibes entdeckt hast!« Raimund aber fuhr heftig auf: »Nein, Du hast mich belogen! Du bist mir ein schändlicher Bruder und zur unglücklichen Stunde in dieses Haus gekommen, welches ich Dir niemals vergessen kann. Hüte Dich, daß Du ferner meinem unschuldigen Weibe Übles nachredest, denn sie ist fromm und tugendhaft, und Du eile von dannen, sobald als möglich, wenn Dir Dein Leben lieb ist. Ich sage Dir, Du allein bist schuld an meinem Verderben, denn Du hast mich verführt, zu tun, was mich um Glück und endlich um das Leben bringen wird. Darum geh und hüte Dich, daß wir einander noch einmal begegnen, während wir leben!«

Raimund tobte in seiner Wut also, daß jeder meinte, er sei von Sinnen gekommen, und der Graf vom Forst sowie alle anwesenden Gäste eilten, aus seiner gefährlichen Nähe zu entfliehen. Als sie fort waren, versank Raimund in tiefes Herzeleid. Er gedachte, wie hoch und teuer er seinem lieben Weibe geschworen, an keinem Sonnabende ihr nachzuforschen, gedachte ihrer Drohung, die sie mit so herzinniger Wehmut mehr als einmal gegen ihn ausgesprochen, gedachte seines süßen herrlichen Glückes und wie dieses nun mit seinem holden Weibe für immer von ihm gehen werde. Vergebens suchte er sich damit zu trösten, daß ihn Melusina vielleicht nicht bemerkt haben möchte, als er sie belauschte, aber er erinnerte sich, wie sie ja sogar verborgene Dinge wisse, und fand daher keinen Trost in seinem Elend.

»Ach«, seufzte er, »wehe mir, wehe der unglücklichen Stunde, in der ich armer, elender Mensch geboren bin! Soll ich nun durch meine schändliche Untreue und Wortbrüchigkeit sie verlieren, sie, die all meine Freude, mein Trost, meine Zuversicht, der Fels ist, auf dem mein Glück sich gründet! Ach, Melusina, teures süßes Weib, wenn ich dich verliere, so will ich aus der Welt fliehen, in Wüsteneien mich bergen und nichts mehr denken und tun, als um dich klagen und weinen, und mich verwünschen, der ich selbst mein herrliches Glück von mir gestoßen habe!«

Solche Klagen trieb Raimund den ganzen Tag und die folgende Nacht, wälzte sich weinend und jammernd auf seinem Lager und tat vor großem Herzeleid kein Auge zu. Als aber der Sonntagmorgen anbrach, kam Melusina wie gewöhnlich zu ihm ins Schlafgemach, heiter und unbefangen, entkleidete sich und war wieder ganz ein natürlich schönes Weib. Sie legte sich und umfing ihn mit liebreicher Zärtlichkeit, und indem sie merkte, daß er ganz kalt und vor Leid und Unmut krank war, redete sie ihn an: »Was ist Dir, Raimund, mein allerliebster Gemahl! Bist Du krank, so offenbare Dich mir, daß ich mit Gottes Hilfe Dir Beistand leisten kann!« Melusina kannte gar wohl die Ursache seines Leidens, hatte aber ein inniges Mitleid mit ihm, weil sie ebenfalls wußte, wie schweres Leid er um sein Unrecht trage und daß er an niemand das Geheimnis verraten, welches er zu seinem eigenen Schaden aufgedeckt hatte. Raimund sagte, daß er sich erhitzt habe und nun von Krankheit und Frost befallen sei; Melusina tröstete ihn, daß er bald wieder genesen werde, küßte und liebkoste ihn. Da faßte Raimund wieder Mut und Hoffnung und wurde durch seines treuen Weibes zärtliche Pflege bald wieder gesund.

So verstrich die Zeit und heilte die Wunden. Raimund war glücklich, daß Melusina seinen Treuebruch anscheinend nicht bemerkt oder ihm verziehen hatte.

Jedoch eines Tages brachte ein Bote die Nachricht, daß ihr Sohn ›Geoffroy mit dem Zahne‹ das Kloster Malliers samt seinem Bruder und den anderen Mönchen aufs gräßlichste verbrannt und ausgerottet habe. Die Grausamkeit dieses Brudermordes erboste Raimund so sehr, daß er den eigenen Sohn als Strafe umzubringen gedachte. Er ritt aus, um ihn zu finden, jedoch vergebens. Er kehrte nach Lusinia zu-

rück, verwünschte seinen Sohn und kehrte seinen Zorn gegen sich selbst und sein gutes Weib Melusina.
Er dachte daran, wie mißgeschaffen sowohl Geoffroy als seine übrigen Söhne zur Welt gekommen wären und wie Melusina selbst kein rechter Mensch, sondern ein Meerwunder sei. Deswegen klagte er nun diese, welche doch sein ganzes Glück begründet hatte, schändlicher Verführungskünste an und war in großem Zorn. Indessen waren Melusina und die Dienerschaft Raimunds in Sorgen, daß ihrem Herrn, welcher aus seinem Zimmer nicht wieder herauskam, ein Unfall zugestoßen und er krank sein möchte, und gingen deswegen zu dem Schlafzimmer, welches Melusina mit ihrem Schlüssel öffnete. Als diese nun ihren Gemahl in so tiefem Leid erblickte, redete sie ihm gar liebreich zu: »Raimund, lieber Gemahl, betrübe Dich doch nicht also tief um eines Unglücks willen, welches abzuwehren Du nicht vermögend warst. Übergib Deinen Kummer Gott, welcher die Schicksale der Menschen leitet, und bedenke, daß er nach seiner Gerechtigkeit auch Übles in Segen verwandeln wird.«
Raimund hatte kein Ohr für die weisen Reden seiner Gattin, denn der Zorn hatte ihn gänzlich aller Vernunft beraubt. Er richtete sich auf und blickte sein frommes Weib mit grimmigen Augen an, worauf er die unglücklichen Worte ausstieß: »Siehe, welchen trefflichen Anfang es mit Deinem Geschlechte genommen, und so wird es nun fortgehen mir zu Schand und Gram. Weh, daß ich solche Brut mit Dir gezeugt habe, denn Du, Du selbst bist nichts anderes als ein schändlicher, scheußlicher Wurm, eine böse, giftige Schlange!« Als Raimund diese Worte entfuhren, da erbleichte Melusina und sank, ohne nur einen Schrei auszustoßen, zu Boden. Ihre Frauen sprangen eilend herbei und suchten sie wieder ins Leben zurückzubringen. Nach langem fruchtlosen Bemühen gelang es endlich, Melusina richtete sich auf ihre Dienerinnen gestützt auf und sprach gegen Raimund gewendet mit leise klagender Stimme:
»Wehe, Raimund, was hast Du getan! Ach, warum hast Du uns beide in Elend und Verderben gestürzet! Wehe mir, daß

ich jemals an Deinen holden Gebärden Wohlgefallen gefunden! Wehe mir, daß ich am Durstbrunnen Dich getroffen! Wehe mir, daß ich je liebend Dich umfangen habe! Wisse, Du unglücklicher, wortbrüchiger Mann, wie Du für meine Liebe und Treue mir gelohnt hast: Angst, Not, Mühsal ohne Ruh und Rast sind mein unseliges Los, das ich tragen muß bis an das Ende aller Tage! O, hättest Du Dein Gelübde nicht gebrochen, hättest Du wenigstens in Deiner Brust verschließen können das Geheimnis, in welches Du mit frevlem Übermute Dich eingedrängt, so wäre ich bei Dir geblieben, bis Gott mir wie einem anderen irdischen Weibe die Augen geschlossen und meine Seele von hinnen genommen, um mich in himmlicher Freude wieder mit Dir zu vereinigen. Nun muß ich als ein unglückliches Gespenst hausen in diesem Leibe bis zum Tage des Gerichts! Wehe aber auch Dir, auch Dein eigenes Glück hat Dein frecher Mund zerstört! Du wirst fortan ein elendes Leben führen, denn der Vorwurf wird an Deinem Herzen nagen mit bitterer Reue, Dein Land wird zerteilt werden, und über Dein Geschlecht wird manch schweres Leiden kommen. Ach, Raimund, siehe, wie Du übel und schändlich an mir und Dir getan hast, und dennoch kann ich nicht aufhören, Dich zu lieben. Höre denn noch meinen letzten Rat und vollbringe ihn, weil Du mich immer fromm und wahrhaft erfunden hast, damit von Deines Hauses Glück noch soviel gerettet werde, als möglich ist. Wenn ich von Dir gegangen sein werde, so sollst Du Deinen Sohn Horibel töten, denn so er am Leben bleibt, wird er Dich, Dein ganzes Geschlecht und Dein Land verderben. Deinem Sohn Geoffroy sollst Du vergeben, denn die Mönche hat Gott in seine zornige Hand gegeben, weil sie ein gottloses Leben geführt haben und ihrem heiligen Gelübde untreu gewesen sind.

Du und alle unsre Nachkommen bis in die fernsten Geschlechter, Ihr alle sollt aber wissen, daß, sooft Ihr eine Klage in der Luft über dem Schlosse Lusinia vernehmet und meine Gestalt über dem Schlosse dahinschweben sehet, sooft wird das Schloß einen andern Herrn bekommen, und so lange als man mich zuweilen in der Nähe des Durst-

brunnens erblicket, wird das Schloß Lusinia, welches ich zu meines Namens Gedächtnis erbauet, bestehen, denn ich will es schirmen und bewachen, so lange, als es mir von Gott vergönnt wird.
Ach, Raimund, Raimund, warum hast Du mich so elend gemacht, da ich Dich doch so herzinnig geliebt habe! Sieh, Du konntest mich erlösen aus Not und Pein und hast es nicht getan, und Dein armes Weib muß nun in Not und Pein leben bis an der Welt Ende! Gott vergebe Dir, wie ich Dir vergebe, und entgelte nimmer an Dir die bittre Not, die ich tragen muß, weil mich die Liebe verraten hat!«
Raimunds Zorn war längst verflogen und in unaussprechlichen Kummer übergegangen. Er weinte helle Tränen und umfing sein süßes Weib mit seinen Armen, drückte sie an sein Herz, küßte sie auf den Mund und sank dann vor allzugroßem Leide vor ihr in die Knie, indem er nur einzelne Worte herauszustammeln vermochte, mit denen er sie um Vergebung anflehte. Melusina mischte ihre Tränen mit den seinigen, redete noch mancherlei mit ihm von ihren Kindern und sagte ihm ihr Schicksal voraus, dann entwand sie sich langsam seinem Arm und trat in ein geöffnetes Fenster. Hier wendete sie sich noch einmal zu Raimund und allen, welche in Leid und Tränen zugegen waren, und sprach mit milder herzergreifender Stimme: »Segne Dich Gott, mein liebes Herz! Segne Dich Gott, der Du so lange mir Trost und Hoffnung gewesen bist! Segne Dich Gott, Schloß Lusinia, das ich selbst groß und schön gemacht! Lebe wohl, Raimund, Raimund, mein allerliebster Freund, – lebe wohl – lebe wohl!«
Sieh, indem sie diese letzten Worte redete, sanken ihre Gewänder von ihr hernieder, und nur ein langer weißer Schleier umflatterte sie und trug sie wie Fittige durch das Fenster, fort in die Luft, und zugleich verwandelte sich von den Hüften abwärts ihr Körper in einen unheimlichen Wurm, worüber alle, die es sahen, in einen Schrei des Erstaunens ausbrachen. Hoch in der Luft umfuhr sie das Schloß dreimal und stieß jedesmal ein herzzereißendes Wehgeschrei aus; darnach aber verschwand sie.

Raimund indessen warf sich zur Erde nieder, weinte und schrie laut einmal über das andere: »O wäre ich niemals geboren!« dabei raufte er sein Haar, rang die Hände und schlug wider seine Brust. Nachdem er sich einigermaßen gesammelt, trat er von den Seinen gehalten zu dem Fenster und rief mit klagender Stimme: »Segne Dich Gott der Allmächtige, meine schöne Gemahlin, meine allerliebste Freundin! Ach, das Licht meines Lebens ist erloschen, und meine Tage sind vergangen, seit ich Dich nicht mehr sehe!« – So klagte er noch lange fort, bis ihm die Kräfte schwanden und er nur noch still zu weinen vermochte. Im Schloß und im ganzen Lande erhob sich gleichermaßen eine große Klage um Melusina, denn alle hatten sie herzlich geliebt und verehrt; und obgleich nun kundbar wurde, daß sie ein Meerwunder gewesen sei, so verachteten sie dieselbe darum doch nicht.

Melusinas beiden jüngsten Kinder Dietrich und Raimund waren noch so jung, daß sie noch an der Brust genährt werden mußten, daher zwei Ammen für sie angenommen wurden. Diese nun erblickten oftmals beim Einbruch der Nacht, in der Dunkelheit, wie Melusina in das Gemach trat, hin zur Wiege ging und eines der Kinder nach dem andern herausnahm. Sie liebkoste die Kinder mit zärtlichen Gebärden, setzte sich mit ihnen zum Kamine, wärmte sie und reichte ihnen ihre Brust. Darauf trug sie dieselben wieder in die Wiege, hüllte sie wohl ein, küßte sie und verschwand wieder, wie sie gekommen war. Die Ammen, welche dies sahen, wagten nicht, ihr zu nahen, noch sie anzureden, denn sie fürchteten sich. Raimund aber, der es erfuhr, schöpfte daraus einige Hoffnung, daß er sein liebes Weib doch wohl noch einmal wiedersehen könne; so oft er jedoch in der Kammer auf sie wartete, ließ sich die Gestalt nicht blicken. Die Kinder wuchsen, genährt von der Milch ihrer Mutter, zusehends und in fröhlicher Gesundheit empor. Melusina aber kehrte nicht mehr zurück.

Volksbuchfassung von 1838,
gekürzt und bearbeitet von Barbara Stamer

Zu der Zeit, wie noch alles hier Urwald war, kam ein Rittersmann nach dem Harze, um zu jagen. Ehe er sich nun um- und aufsah, hatte er sich verloren und konnte sich nicht wieder zurecht finden. Er ist schon mehrere Tage umhergestrichen und hat gar keinen Weg gefunden. Da kam er endlich an ein großes schönes Haus, das im Tal auf einer großen Wiese lag und rings mit Wasser umgeben war, und der Weg führte über eine Zugbrücke, die in die Höhe gezogen ist. Er ruft, er pfeift, er wartet. Es läßt sich nichts darin hören, es scheint, als wäre das Haus ausgestorben. ›Ach‹, denkt er, ›das kann doch nicht leerstehen, jemand muß sich doch sehen lassen. Du sollst dich hier hineinsetzen und warten, bis jemand kommt.‹

Da sitzt er denn und wartet, im Schlosse bleibt alles still. Endlich reißt ihm der Geduldsfaden, er will eben aufpacken und sich wieder fortmachen, da sieht er aus dem Walde ein bildschönes Mädchen kommen und auf die Brücke zugehen. ›Halt‹, denkt er, ›die weiß Bescheid, die wird auch wohl hineinkommen.‹ So kommt's auch. Wenige Schritte von ihm entfernt redet er das Mädchen an und spricht, er habe sich im Harzwalde verirrt, schon acht Tage im Freien genächtigt und sehne sich recht danach, eine Nacht einmal wieder unter Dach und Fach zu schlafen. Drei Stunden habe er bereits hier um Einlaß gebeten, kein Mensch hätte sich aber sehen noch hören lassen. Ob sie wohl nicht so gut wäre und für ihn um Einlaß bäte, wenn sie hineinkäme.

O, sagt sie, das wäre nicht nötig. Er solle nur gleich mitgehen; sie brauche keinen zu bitten, sie selbst habe darüber zu bestimmen. Darauf tritt sie auf einen Stein, der vor der Brücke in die Erde gemauert ist, und sogleich fällt die Brücke nieder. Darauf holt sie einen großen Schlüssel hervor, schließt das Tor auf, und beide gehen durch einen großen Hof ins Haus.

Sie führt den Rittersmann in ein schönes Zimmer und sagt, er möge es sich wohlgefallen lassen. Sie wolle erst hingehen und ein ordentliches Abendbrot zurechtmachen; denn er würde sich wohl nach etwas Warmem sehnen, sie habe auch großen Appetit; da sie keine Dienerschaft hätte, so müsse sie alles allein tun. Damit geht sie zur Tür hinaus, bleibt eine kurze Zeit aus, dann kommt sie wieder mit schönem Braten, Kuchen und vielen Leckerbissen. Sie deckt selbst den Tisch, dann nötigt sie ihren Gast, ordentlich zuzugreifen, und der läßt sich's auch nicht zweimal sagen.

Nachdem sie gegessen haben, sitzen sie noch beisammen und plaudern miteinander. Da bedauert der Rittersmann das freundliche Mädchen, daß es hier so allein wohne; da müsse ihm die Zeit doch recht lange dauern. O nein, sagt es, lang dauere ihm die Zeit nicht, doch wünsche es sich wohl manchmal ein wenig Gesellschaft zu haben; da das aber nicht wäre, so füge es sich darin. Darauf antwortete der Rittersmann, wenn es ihr recht wäre, so blieb er einige Tage hier, ihr bloß zur Gesellschaft. O, sagt die Wirtin, das wäre ihr recht lieb.

Nun bleibt der Gast ein, zwei und drei Tage, und sie gewöhnen sich beide so aneinander, daß am Ende der Ritter sagt, ob sie nicht Lust hätte, seine Frau zu werden. Da freut sich das Mädchen und spricht, das würde sie mit Freuden werden, wenn er ihr versprechen wolle, daß sie alle Freitag ausgehen und machen könne, was sie wolle, und daß er ihr dann nicht nachgehen und sie aufsuchen wolle. Das verspricht er ihr und darnach wird's ein Paar.

Lange Zeit haben sie recht zufrieden miteinander gelebt, niedliche Kinder gezeugt, und nichts hat ihrem Glücke gefehlt. Da kommt einst ein fremder Ritter als Gast, es ist gerade Freitag gewesen, der erkundigt sich bald nach seiner Ankunft nach der Hausfrau, weil die nicht zum Vorschein kommt. Dem antwortet der Hausherr, freitags ließe sich seine Frau nicht sehen, und er habe sie auch bis dahin noch nicht gesucht, wie er versprochen habe. Darauf sagt der fremde Ritter, das wäre aber auch eine rechte Hausfrau, die ihren Mann nicht einmal wissen ließe, wo sie zu finden wäre; das wäre höchst häßlich.

Die Rede schnuppt dem Hausherrn so in die Nase, daß er gleich hingeht und seine Frau aufsucht. Nach vielem Suchen

gerät er auch in den Keller, findet da eine Tür, macht sie auf und sieh, da ist ein kleiner Teich, darin schwimmt seine Frau, halb Fisch, halb Mensch! Als sie ihren Mann sieht, wirft sie ihm einen traurigen und ernsten Blick zu, und verschwunden ist sie.
Als der Mann ganz bestürzt wieder heraufkommt und die Erscheinung dem fremden Ritter sagen will, da ist auch der verschwunden. Nun merkt der arme Mann, daß er mitsamt seiner Frau von dem Fremden scheußlich beschuppt und ins Unglück gestürzt ist. Darnach grämt er sich so sehr über seine gute Frau, daß er bald darauf stirbt. Auch die niedlichen Kinder sterben eins nach dem andern und das Schloß ist verfallen. Ja, man weiß nicht einmal, wo es gestanden hat. Nur die Geschichte davon ist geblieben.

Märchen aus dem Harz

DIE SCHLANGENFRAU VOM OSELBERG

Zwischen Dinkelsbühl und Hahnkamm liegt der sogenannte Oselberg, über den man nicht leicht zu Fuß oder zu Wagen kommen kann, weil er sehr hoch ist. Will man nun von einem Orte zum andern reisen, so muß man um diesen Berg herumgehen; und daher kommt das Sprichtwort, das man zu einem seltsamen Menschen sagt: »Ich mein', es irre dich der Oselberg.«
Auf diesem Berg stand ehemals ein Schloß, das entweder von den Hunnen oder von den Reichsstädten zerstört worden ist. In dem Schlosse lebte eine Jungfrau, von der sagt man, daß sie mit den Mauern zu Grunde gegangen und umkommen sei, zuvor aber mit ihrem Vater in seinem Witwenstande den Haushalt geführt und die Schlüssel zu allen Gemächern gehabt habe. Nach diesem kam ein Geschrei aus: ihre Seele schwebe um die Schloßmauer herum und lasse sich alle Quartal, am Sonntag, nachts mit einem Schlüsselbund am Gürtel in jungfräulichem Anzuge sehen. Dagegen

sagen alte Bauern aus der Gegend, sie hätten von ihren Vätern gehört, daß diese Jungfrau eines heidnischen Mannes Tochter gewesen und in eine große erschreckliche Schlange mit jungfräulichem Haupt und Brust verwandelt worden sei, und gewöhnlich an den vier Quartalen des Jahrs in dieser Gestalt mit einem Schlüsselbund am Halse sich habe sehen lassen.

Schwäbische Sage

DIE SCHÖNE BRUNNENFRAU

Vor vielen hundert Jahren lebten einmal ein König und eine Königin, die hatten einen einzigen Sohn, der war schön, klug und fromm und versäumte keinen Sonntag die Messe. Der Weg vom Schloß zur Kirche führte durch einen großen dichten Wald, und mitten darin war ein schöner Brunnen.

An einem Sonntagmorgen ritt der Prinz mit seinem Diener wieder zur Messe. Doch als er zu dem Brunnen kam und sein Roß tränken wollte, da sah er am Brunnenrand eine Jungfrau stehen, so schön, wie er noch keine gesehen. Dies war die Brunnenfrau. Der Prinz stieg vom Pferd, grüßte und fragte:

»Schöne Jungfrau, was sucht Ihr zu so früher Stunde hier am Brunnen?«

Die Brunnenfrau lächelte und antwortete:

»Stehen muß ich hier und warten, bis einmal ein mutiger Ritter kommt, um mich zu erlösen.«

»Was muß ich tun, um Euch vom Zauber zu befreien?« fragte der Prinz.

»Komm nächsten Sonntag um die gleiche Zeit hierher, und dann will ich dir die Bedingungen sagen«, antwortete die Brunnenfrau.

Der Prinz aber sprach zu ihr:

»Wenn ich Euch erlöse, dann müßt Ihr meine Frau werden.«

Dies versprach ihm die Brunnenfrau. Sie nahmen Abschied

voneinander, und der Prinz ritt davon. Als der nächste Sonntag gekommen war, ritt der Prinz in aller Frühe zum Brunnen. Schon von Ferne sah er die schöne Brunnenfrau warten. Der Jüngling bat sie herzlich, ihm doch zu sagen, wie er sie von der Verzauberung erlösen könne, und er rief:

»Sage mir, in welchen Kampf ich für dich ziehen soll!«

»Es ist kein solcher Kampf, wie du denkst«, sprach die Brunnenfrau. »Aber dennoch mußt du etwas auf dich nehmen, was schwerer zu tragen ist, als du ahnst. Höre, was ich dir sage: Du mußt mir fünf Jahre treu verbunden sein, ohne daß davon ein Mensch erfährt, du magst sein, wo du willst, über alle Länder, Berge und Meere hinweg. Ich werde immer an deiner Seite sein, werde dich behüten und beschützen, ob Frieden ist im Lande oder Krieg. Hast du aber Verlangen, mich zu sehen, so brauchst du nur meinen Namen zu rufen, und im Augenblick bin ich bei dir. Doch darfst du meinen Namen nur nennen, wenn du ganz alleine bist und niemand uns sehen kann. Doch einmal wird der Tag kommen, da werden deine Eltern und Freunde in dich dringen, daß du eine Frau nehmen sollst. Sie werden dich bitten und bestürmen, um dich für ihren Plan zu gewinnen. Läßt du dich verführen, so bin ich verloren, und du wirst des Todes sein. Höre auf meine Worte: Solltest du mich je vergessen und dein Versprechen brechen, dann wirst du an deinem Hochzeitstag mit all deinen Gästen durch die Decke des Saales einen weißen Fuß dringen sehen. Dies ist dann das Zeichen, daß du sterben mußt, und in derselben Stunde wirst du des Todes sein.«

Der Jüngling konnte sich nicht denken, daß er je seiner wundersamen Geliebten untreu werden könnte, und so sprach er zu ihr: »Lieber will ich einen harten Tod sterben, als daß ich eine andere zur Frau nehme. Zehn Eide will ich dir schwören, daß ich alles halten werde, was ich versprochen habe.«

Doch die Brunnenfrau antwortete:

»Du sollst nicht leichten Herzens so viel versprechen, denn die Menschen sind schwache Wesen.«

Dann schwuren sie einander Treue und nahmen Abschied.
Das erste Jahr verging, ohne daß des Prinzen Geheimnis offenbar wurde. Doch im zweiten Jahr mußte er in den Krieg ziehen, der zwölf Monate lang dauerte. Siegreich überstand der Prinz alle Schlachten, ohne daß ihn ein Pfeil traf oder ein Speer verwundete. Immer, wenn er seine Geliebte sehen wollte, ging er in sein Zelt, rief ihren Namen, und ehe er sich's versah, stand sie neben ihm.
Doch eines Tages, als er sie wieder gerufen, hatte sie bei ihrem Erscheinen Tränen in den Augen.
»Liebste, was ist dir?«
Die Brunnenfrau antwortete:
»Ich bin traurig, denn ich weiß, daß du morgen in der Schlacht schwer verwundet wirst und ich es nicht verhindern kann. Doch ich werde dich dann pflegen, und du wirst bald deine Gesundheit wieder erlangen.«
Was die Brunnenfrau vorausgesagt, geschah. Der Prinz wurde schwer verwundet, doch immer, wenn er alleine war, kam sogleich die Brunnenfrau mit heilenden Kräutern und pflegte ihn. Der Jüngling genas bald.
Als der Krieg zu Ende war, kehrte der Prinz auf das Schloß seiner Eltern zurück. Er erzählte ihnen von all seinen Erlebnissen und zeigte ihnen auch die Narben seiner Wunden. Da wollten seine Eltern und seine Freunde wissen, wodurch er denn so schnell geheilt worden wäre. Doch so sehr sie auch in ihn drangen, der Prinz schwieg standhaft. Nun wurde ein großes Fest gefeiert und ein Freudenmahl bereitet. Doch als der Prinz bei Tische saß, da bestürmten ihn seine Eltern und Freunde von neuem, er möge sich doch eine Frau suchen, das Land brauche eine künftige Königin.
»Gönnt mir noch ein paar Jahre Zeit«, antwortete der Jüngling. Doch seine Eltern und Freunde schöpften Verdacht, und deshalb beschlossen sie, ihn mit Wein trunken zu machen, so hofften sie, werde sich seine Zunge lösen. Sie tranken ihm also zu und umschmeichelten ihn, bis der Prinz seiner Sinne nicht mehr mächtig war und sein ganzes Geheimnis erzählte. Da entsetzten sich seine Eltern und

Freunde, und sie sprachen, es sei bestimmt ein böser Geist, der ihn umgarne, und sie bestürmten ihn:
»Heirate eine Prinzessin, nur so fällst du nicht in die Gewalt des Bösen!«
Und weil sie nicht ruhten, versprach es zuletzt der Prinz. Aber als die Wirkung des Weines nachließ und der Prinz sich erinnerte, daß er seine Geliebte verraten und sein Versprechen gebrochen hatte, weinte er und ging traurig in seine Kammer.
»Ach«, rief er verzweifelt, »wäre doch meine Liebste bei mir!« Sogleich stand sie neben ihm, aber sie weinte bitterlich und sprach:
»Was hast du getan! Ich habe großes Mitleid mit dir, doch vermag ich nicht unser unglückliches Schicksal zu wenden. Du weißt, was dir bevorsteht, von nun an dürfen wir uns auf dieser Erde nicht mehr wiedersehen. Leb wohl!«
Sie küßte ihn noch einmal, und dann war sie verschwunden. Der Prinz klagte und rief nach ihr, doch er sah die Brunnenfrau nicht wieder. Seit diesem Tag ging er immer traurig im Schloß umher.
Inzwischen aber nahte der Tag, an dem die Hochzeit mit der Prinzessin stattfinden sollte, die ihm seine Eltern und Anverwandten ausgesucht. Traurig saß der Prinz neben der Braut an der Tafel. Die Spielleute und Gäste bemühten sich vergeblich, ihn aufzuheitern. Der Prinz wußte, was damals die Brunnenfrau zu ihm gesprochen. Da klirrte es plötzlich an der Decke des Saales. Erschrocken schauten die Gäste nach oben: Und siehe, da drang ein schneeweißer Fuß durch das Gebälk. Der Prinz wurde totenblaß.
»Ich komme!« rief er.
Aber da war der Fuß schon verschwunden, und nicht die kleinste Schramme war in der Decke zu sehen. Man ließ einen Priester holen, und ehe eine Stunde vorübergegangen, war der Prinz eine Leiche. So war alles in Erfüllung gegangen, was die Brunnenfrau vorausgesagt.

Märchen aus Lothringen,
neu erzählt von Sigrid Früh

DIE RACHE DER SCHÖNEN MELUSINE

Im Durbacher Tal sieht man im großen Stollenwald die Trümmer einer alten Burg. Am Eingang des Tales aber erhebt sich links das Schloß Staufenberg.
Einst wohnte auf der alten Burg ein Amtmann zu Staufenberg. Sein Sohn Sebald liebte den Vogelfang. Im Herbst ging er oftmals an den Fuß des großen Stollenwaldes, um Meisen zu kloben. Da hörte er einmal vom Berge herab so lieblich singen, daß er hinaufging, um zu sehen, was es wäre.
Auf dem Gipfel des Stollenwaldes erblickte er in einem Gebüsch ein wunderschönes Weib. Das sagte zu ihm:
»Erbarme dich meiner und erlöse mich! Ich bin verwünscht und harre deiner seit langer Zeit. Erhöre meine Bitte: du brauchst mich nur dreimal dreifach zu küssen, dann bin ich erlöst!«
Sebald fragte sie, wer sie denn sei.
Sie gab zur Antwort: »Ich bin Himmels-Stollen-Tochter und heiße Melusine. Ich habe einen großen Brautschatz, und wenn du mich erlöst, so bin ich und der Schatz dir eigen. Du mußt mich nur drei Morgen nacheinander um neun Uhr in der Frühe auf beide Wangen und auf den Mund küssen, dann ist die Erlösung vollbracht. Du darfst dich aber nicht fürchten, besonders nicht am dritten Tag.«
Melusine trat nun ganz aus dem Busch hervor. Sebald konnte sie genau betrachten. Sie war wunderschön, blond, hatte blaue Augen und ein schönes Angesicht. Aber an ihren Händen hatte sie keine Finger, sondern eine trichterartige Höhlung, und statt der Füße einen Schlangenschwanz. Sebald gab ihr die ersten drei Küsse. Darüber war Melusine froh und bat ihn, am zweiten und dritten Tage zur rechten Zeit wiederzukommen. Sie kroch in den Busch zurück und sang:

»Komm und erlöse deine Braut,
hüte dich wohl, zu erschrecken!
Sebald, nimm dich wohl in acht!
Einmal war es recht gemacht.«

Dann versank sie rasch in die Erde, und Sebald ging heim.
Am andern Tag kam er zur rechten Stunde wieder in den Stollenwald und hörte sie schon von weitem auf der Höhe singen. Dieses Mal hatte sie jedoch Flügel und einen Drachenschweif. Trotzdem nahte er sich ihr ohne Furcht und gab ihr die anderen drei Küsse. Sie sang ihm wieder dankbar zu wie am ersten Tag und bat ihn, am dritten Tag wiederzukommen. Darauf verschwand sie abermals in der Erde.
Sebald konnte die Nacht kaum schlafen. Früh ging er wieder in den Stollenwald und hörte ihr Lied wie an den vorigen Tagen. Aber dieses Mal hatte sie einen scheußlichen Krötenkopf, und ein Drachenschwanz umschlang furchtbar ihren Leib. Da grauste es Sebald vor der giftigen Gestalt, und er rief ihr zu:
»Kannst du dein Menschenantlitz nicht entblößen, so kann ich dich nicht küssen!«
»Nein«, rief Melusine und streckte mit einem lauten Schrei ihre Arme nach ihm aus. Voller Angst sprang Sebald den Berg hinab. Gerade schlug es neun Uhr, als er atemlos in der Burg bei seinem Vater ankam. Diesem erzählte er, was ihm begegnet war. Sein Vater aber hat ihn wegen seiner Furchtsamkeit sehr gescholten.
Zwei Jahre vergingen. Sebald kam nicht mehr in den Stollenwald, dachte aber wohl manchmal daran, daß er die Melusine betrogen hatte. Doch weiter kümmerte er sich nicht.
Als nun der Vater seinen Dienst an seinen Sohn abtreten wollte, sah er sich nach einer Frau für den Jüngling um und fand sie in der Tochter eines Amtsvogtes. Bald fand die Hochzeit im Schlosse Staufenberg statt. Die Hochzeitsgäste saßen recht fröhlich am Tische, als auf einmal die Decke des Saales einen Spalt bekam. Darauf fiel ein Tropfen herab gerade in Sebalds Teller. Sebald aber hatte davon nichts bemerkt. Als er dann ahnungslos von der Speise in seinem Teller aß, sank er plötzlich tot vom Stuhl. Zur gleichen Zeit sah man, wie ein kleiner Drachenschweif sich in die Decke zurückzog.
So hat die schöne Melusine sich gerächt, weil Sebald ihre

Hoffnung auf Erlösung betrogen hatte. Der Vater aber ließ die Geschichte zum ewigen Andenken aufschreiben. In Stein gehauen ist sie auf Schloß Staufenberg bis auf den heutigen Tag zu sehen. Märchen aus dem Schwarzwald

DIE GRÜNE JUNGFER

Die alte Großmutter hat die Geschichte erzählt, und was die erzählte, das war wahr, sie fing an und sagte:

»Na, nun hört mir mal zu. Mir fällt eben die Geschichte von der grünen Jungfer ein, die habt ihr noch nicht gehört. Ja, ja, früher ist manches passiert, das alles vergessen wird, wenn unsereins es nicht behielte und neu auftischte.

Da unten in Windhausen unter der Laubhütte hinunter hat vor vielen Jahren einmal ein armer Besenbinder gewohnt und viele recht hübsche Kinder gehabt. Dieser Besenbinder nimmt seine älteste Tochter – es ist ein Mädchen so von dreizehn, vierzehn Jahren gewesen, das rote Backen und recht leuchtende Augen hat und dabei kann es sprechen wie ein Buch –; das nimmt also sein Vater mit in den Wald und holt Besenreiser. Da vorn bei Windhausen standen damals auch schon viele Birken, und ihr wißt, von den feinen Ruten werden Besen gemacht. Es ist schrecklich kalt gewesen, wenn auch die Sonne über Berg und Tal schien; an den Zweigen hat das Eis gesessen und ausgesehen, als hingen lauter Silberstangen daran herunter. Sie gehen weiter in den Wald; vorn herum haben erst Tannen gestanden, und dann ist das Laubholz gekommen.

Auf einmal bleibt der Vater stutzig stehen und spricht, indem er nach einer großen Tanne zeigt: ›Sieh doch, Anna, was ist denn das?‹

Das Mädchen sieht auch da eine Jungfrau stehen, die ein grünes Kleid, grüne Hände, grünes Gesicht und auch gar grüne Haare hat. Die beiden wundern sich noch darüber, da kommt die grüne Dame auf sie zu und spricht zu dem Vater:

›Deine Tochter da, die muß ich haben!‹ Und kaum hat sie das gesagt, so ist sie mit dem Mädchen verschwunden.
Vor Schreck kann erst der Mann keinen Schritt von der Stelle tun, nachher kommt er wieder zu sich und hört dann weit von sich rufen: ›August, August, August!‹ und ein paar Schritt von ihm entfernt steht ein goldener Hirsch. Weil er meint, seine Tochter wäre in diesen Hirsch verwandelt, so geht er darauf zu; als er aber den Hirsch ans Geweih fassen und festhalten will, da ist er verschwunden. So geht's dreimal, aber immer auf einer anderen Stelle. So ist der Besenbinder vor ein kleines Hüttchen gekommen. Er geht hinein, um ein wenig zu ruhen von der Anstrengung und wegen des Kummers über seine Tochter, die er so schändlich verloren hat.
Sieh da, da sitzt die grüne Jungfer und ist halb Fisch und halb Mensch, und darum herum sitzen lauter kleine Männlein mit steinernen Beinen auf kleinen Treppen, und das geraubte Mädchen, die Besenbindertochter, nicht weit von der Tür auf goldenem Throne. Voll Freude nimmt der glückliche Vater sein Kind auf den Arm und macht, daß er zum Haus hinauskommt. Keiner verfolgt ihn, er läuft, als wenn ihm der Kopf brenne, daß er erst den Wald hinter sich hat und kommt glücklich zu den Seinen. Ist aber das Mädchen vorher schon schön gewesen, so ist sie jetzt ein wahrer Engel von Schönheit.
Die Geschichte wird ruchbar, und bei der Gelegenheit erfährt man auch, daß der Besenbinder eine so hübsche Tochter hat, selbst der junge König erfährt's. Da der sich nun vorgenommen hat, nur das hübscheste und beste Mädchen zu heiraten, so lernt der sie auch kennen und nimmt sie zur Frau, wenn's auch nur eine Besenbindertochter gewesen ist, tut nichts, er hat sie lieb, und sie hat ihn erst recht lieb. Das ist eine Herrlichkeit gewesen, einer hat ohne den andern nicht leben können, und wo sie sich getroffen haben, da hat's erst Umarmungen und Küsse gegeben, ach so herzlich, so innig, so zärtlich, so lieb, daß man am Ende gesagt hat: Keines ist so glücklich wie unser Königspaar.
So geht ein Jahr in Freude und Lust hin, dann bekommt die

junge Königin einen Prinz, der bringt drei goldene Locken mit. Dadurch gibt's neuen Jubel, große Freude, innigere Liebe. Es ist aber nichts vollkommen. In der ersten Nacht darnach kommt die grüne Jungfrau und spricht zur Wöchnerin: ›Kind, wie hast du mich in meiner Drangsal gesehen?‹
Da antwortet die Königin: ›Herzliebste Mutter, ich habe dich nicht gesehen.‹
Da nimmt die Grüne den niedlichen Prinzen, herzt und küßt ihn und verschwindet mit ihm. Darüber trauert das ganze Land, der Vater und die Mutter, die fast wahnsinnig wird vor Herzeleid.
Nach einem Jahre bekommt sie aber wieder einen allerliebsten Prinzen, der hat einen goldenen Stern auf der Brust. Nun ist alles wieder froh und vergnügt. Es dauert aber nicht lang. Wieder in der ersten Nacht kommt die grüne Jungfer und spricht:
›Kind, wie hast du mich in meiner Drangsal gesehen?‹
Die Königin antwortet: ›Herzliebste Mutter, ich habe dich nicht gesehen.‹
Darauf ist die Grüne wieder mit dem Kinde verschwunden. Das gibt neues Herzeleid, und die Königin will sich fast von Sinnen tun.
Danach vergeht abermals ein Jahr, und sie bekommt einen dritten Sohn, der hat einen goldenen Hirsch auf der Brust. Mehrere Tage vorher sind schon Wachen aufgestellt, das ganze Schloß ist umstellt von Soldaten, und vor der Stubentür haben vornehme Herren wachen müssen, weiß nicht, ob's Kammerherren gewesen sind. Kurz und gut, es ist dafür gesorgt, daß das Kind nicht wieder gestohlen werden kann. Trotzdem aber, um elf Uhr in der ersten Nacht, da liegen alle Wachen und schlafen wie die Ratten. Da kommt die grüne Jungfer abermals zur Königin hinein und spricht:
›Kind, wie hast du mich in meiner Drangsal gesehen?‹ und die Wöchnerin antwortet:
›Herzliebste Mutter, ich habe dich nicht gesehen.‹
Darauf verschwindet die Grüne wieder mit dem Kinde.
Da nun alles nicht geholfen hat, so dringt das ganze Volk darauf, die Königin soll verbrannt werden, weil sie ihre

Kinder aufgefressen hätte. Denn gestohlen konnten sie nicht sein, und dann hätte sie ja auch jedesmal am folgenden Morgen Blut auf dem Bette und an Händen und am Munde gehabt. Der König will das durchaus nicht zugeben; denn er hat sie zu lieb; er muß es aber am Ende zugeben, was er nicht ändern kann; das Volk hätte ihn sonst auch umgebracht. Nun wird ein großer Scheiterhaufen aufgerichtet und die unglückliche Mutter hinaufgeführt und an einen Pfahl gebunden. Der Geistliche betet noch für ihre arme Seele und bittet den lieben Gott, sie auf- und anzunehmen, und dann segnet er sie ein und steigt herunter. Um den Holzstoß steht das Volk gedrängt und will die Hexe verbrennen sehen; die Musikanten spielen schaurige Stücke, und alles lauert, daß das Holz angesteckt wird und dann die Qual der Königin angeht.

In dem Augenblick steht nochmals die grüne Jungfer vor ihr auf dem Scheiterhaufen und spricht:

›Kind, wie hast du mich in meiner Drangsal gesehen?‹ Die Königin spricht:

›Herzliebste Mutter, ich habe dich nicht gesehen.‹ Während der Zeit haben sich die Henker gequält, den Scheiterhaufen anzustecken, er hat aber nicht anbrennen wollen. Da spricht die grüne Jungfer: ›Weil du nun so verschwiegen gewesen bist und dich selbst durch den schrecklichen Tod auf dem Scheiterhaufen nicht zum Ausplaudern hast bringen lassen, so bist du und bin ich und dein Mann, der goldene Hirsch dadurch gerettet. Hier hast du deine Kinder wieder.‹

Da stehen in dem Augenblick drei wunderliebliche Knaben bei der angebundenen Königin, die umfassen ihre Knie und rufen: ›Mutter! liebste Mutter, wo ist unser guter Vater?‹

Da umschlingt sie ihre Kinder, das Volk ist erst stumm und starr vor Verwunderung, reißt dann alle herunter vom Scheiterhaufen und führt sie in Jubel dem staunenden Vater zu, und die Musikanten spielen lustige Stücke auf.

Nun ist die Geschichte aus.«

Märchen aus dem Harz

QUELLENHINWEISE

Wasserfrauen und Seeweibchen

Historie von der schönen Lau
Eduard Mörike, aus: *Das Stuttgarter Hutzelmännlein,* Erstausgabe Stuttgart 1853

Das Bleilot
Ernst Meier, *Deutsche Sagen, Sitten und Gebräuche aus Schwaben,* Stuttgart 1852

Der bodenlose See
Ernst Meier, ebenda

Das Waschweibchen
Theodor Vernaleken, *Mythen und Bräuche des Volkes in Österreich,* Wien 1859

Die Wasserfrauen und die Zwerge
Theodor Vernaleken, ebenda

Die junge Gräfin und die Wasserfrau
Ernst Meier, *Deutsche Volksmärchen aus Schwaben,* Stuttgart 1852

Die goldene Fessel
Giambattista Basile, *Der Pentamerone oder Das Märchen aller Märchen.* Aus dem Neapolitanischen übertragen von Felix Liebrecht, Breslau 1846, von Barbara Stamer gekürzte und bearbeitete Fassung von ›Die beiden Kuchen‹ (IV,7)

Nixen und Sirenen

Der Bräutigam auf dem Wasser
Otto Sutermeister, *Kinder und Hausmärchen aus der Schweiz,* Aarau 1869

Die Wasserhexe
Ernst Meier, *Deutsche Sagen, Sitten und Gebräuche aus Schwaben,* Stuttgart 1852

Die Meeresnixe und die Aale
Katherine M. Briggs and Ruth L. Tongue, London. Aus dem Englischen übersetzt von Barbara Stamer

Der verzauberte See
Irische Elfenmärchen, übersetzt von den Brüdern Grimm, Leipzig 1826

Die Seerosennixe
Franz Fahnemann, *Füllhorn der Westmark, Sagen u. Geschichten*, Saarbrücken, o. J.
Die Nixe mit der goldenen Leier
Wilhelm Straub, *›Die Nixe am Wildsee‹, Sagen des Schwarzwaldes.*
Der Abdruck erfolgt mit freundlicher Genehmigung des Konkordia Verlags. © Konkordia Verlag GmbH, Bühl–Baden 1980
Die Meermaid
Friedrich Kreutzwald, *Ehstnische Märchen.* Aus dem Ehstnischen übersetzt von F. Löw, Halle 1869
Die Nixe im Teich
Kinder- und Hausmärchen der Brüder Grimm, Ausgabe letzer Hand, Göttingen 1857

Schwanenjungfrau und Wasserbraut

Die Schwanenprinzessin
Märchen aus Polen, nach mündlichen Erzählungen bearbeitet und neu erzählt von Sigrid Früh (Märchenerzählerin und Germanistin)
Die Perlenschnur
Theodor Vernaleken, *Mythen und Bräuche des Volkes in Österreich,* Wien 1859
»Zarin Frosch«
aus der Sammlung A. N. Afanasiev *Narodnyja russkija skazki,* Moskau 1861, neu erzählt von Sigrid Früh
Die Seefräulein vom Mummelsee
Deutsche Sagen, Brüder Grimm, 1891. Gekürzt von Barbara Stamer
Prinzessin Springwasser
Irische Elfenmärchen, übersetzt von den Brüdern Grimm, Leipzig 1826
Der Ring
Joseph von Eichendorff, aus: *Ahnung und Gegenwart. Joseph Freiherrn von Eichendorff's sämmtliche Werke,* 2. Bd. Romane, Leipzig 1864

Melusinen und Seejungfrauen

Die Geschichte von der edlen und schönen Melusina
Volksbücher, Hrsg. G. O. Marbach, Leipzig 1838. Bearbeitet von Barbara Stamer

Die Wasserjungfer

August Ey, *Harzmärchenbuch, Sagen und Märchen aus dem Oberharz,* Stade 1862. Bearbeitet von Barbara Stamer

Die Schlangenfrau vom Oselberg

Ernst Meier, *Deutsche Sagen, Sitten und Gebräuche aus Schwaben,* Stuttgart 1852

Die schöne Brunnenfrau

Märchen aus Lothringen, nach mündlichen Erzählungen bearbeitet und neu erzählt von Sigrid Früh

Die Rache der Melusine

Wilhelm Straub, *Sagen des Schwarzwaldes.* Der Abdruck erfolgt mit freundlicher Genehmigung des Konkordia Verlags.

Die grüne Jungfer

August Ey, *Harzmärchenbuch, Sagen und Märchen aus dem Oberharz,* Stade 1862

VERWENDETE LITERATUR IN AUSWAHL

H. Bächtold-Stäubli, *Handwörterbuch des deutschen Aberglaubens,* Berlin und Leipzig 1930/31

Sibylle Birkhäuser-Oeri, *Die Mutter im Märchen. Deutung der Problematik des Mütterlichen und des Mutterkomplexes am Beispiel bekannter Märchen.* Hrsg. von Marie-Louise von Franz, Stuttgart [7]1983

Marie-Louise von Franz, *Das Weibliche im Märchen,* Stuttgart 1985

Elisabeth Frenzel, *Stoffe der Weltliteratur,* Stuttgart [2]1963

Kurt Galling (Hrsg.), *Die Religion in Geschichte und Gegenwart,* Tübingen [3]1957ff.

Mario Jacoby/Verena Kast/Ingrid Riedel, *Das Böse im Märchen,* Fellbach [3]1983

Verena Kast, *Wege aus Angst und Symbiose. Märchen psychologisch gedeutet,* Olten [4]1983

Wilhelm Laiblin (Hrsg.), *Märchenforschung und Tiefenpsychologie,* Darmstadt 1972 (Wege der Forschung, Bd. CII)

Walter Myss, *Kirchendecke von St. Martin in Zillis,* Beuron [3]1980

Erich Neumann, *Die große Mutter. Eine Phänomenologie der weiblichen Gestaltungen des Unbewußten,* Olten und Freiburg im Breisgau 1985

Kurt Ranke (Hrsg.), *Enzyklopädie des Märchens. Handwörterbuch zur historischen und vergleichenden Erzählforschung,* Berlin/New York 1976ff.

Jens Tismar, *Kunstmärchen,* Stuttgart [2]1983

ABBILDUNGSNACHWEIS

Hedwig Goller, Korntal b. Stuttgart: 6, 43, 89, 121, 145
sowie Umschlagabbildung
Uwe Stamer, Dettenhausen: 27
Jürgen Wolff, Stuttgart: 26
Archiv Maria Schwelien: 16, 25
Georges Liautaud, Collection William Grigsby: 30
Kunsthalle Hamburg, Photo Ralph Kleinhempel: 29
Archiv der Herausgeberin: 13, 15, 17, 21, 22, 27

Dornröschen und der Rosenbey

Motivgleiche Märchen

Herausgegeben von Barbara Stamer

Band 2865

Märchen sind für die meisten Leser zunächst die Grimmschen Märchen. Lesen wir jedoch in dem vorliegenden Band die unbekannteren Fassungen der Grimmschen Märchen und Volksmärchen anderer deutscher und europäischer Märchensammler, insbesondere die ältesten Märchen von Basile, Straparola und Perrault und einige ausgewählte Volksmärchen aus Zypern, Malta, Norwegen, Rußland, Albanien, Griechenland, England, Schottland, der Schweiz und anderen Ländern, so stellen wir verwundert fest, daß es immer dieselben Motive sind, die in den Märchen der Völker auftreten, ja, daß einzelne Motive schon sehr alt sind. Der frische und eigenwillige Stil der hier vorgelegten Texte, die gerade durch ihre Unterschiedlichkeit, einmal naiv oder höfisch-galant, einmal derb-barock oder verspielt, einmal unverblümt grausam oder erotisch – besonders reizvoll sind, zieht den Leser immer aufs neue in den Märchen-Bann.

Fischer Taschenbuch Verlag

fi 629/1

Die Welt der Märchen

Ursula Assaf-Nowak (Hg.)
Arabische Märchen aus dem Morgenland
Band 1987

Friedrich Becker (Hg.)
Afrikanische Märchen
Band 969

Herbert Boltz (Hg.)
Wie das Kängeruh einen Schwanz bekam
Märchen der australischen Ureinwohner
Band 2846

Herbert Bräutigam (Hg.)
Märchen aus Tibet
Band 1858

Carl Einstein (Hg.)
Der Gaukler der Ebene
und andere afrikanische Legenden. Band 2843

Götz E. Hübner / Sigrid Früh (Hg.)
Von Gletscherjungfrauen und Erdmännlein
Märchen aus der Schweiz. Band 2859

Josef Guter (Hg.)
Chinesische Märchen
Band 1408
Der König der Raben
Zaubermärchen aus elf Ländern
Band 2849

Johannes Hertel (Hg.)
Indische Märchen
Band 1137

Inge Hoepfner (Hg.)
Märchen aus Persien
Band 2838

Marlies Hörger (Hg.)
Der Verschleierte
Märchen von Ketzern und Verfemten
Band 2869

I. Z. Kanner (Hg.)
Jüdische Märchen
Band 1759

Felix Karlinger (Hg.)
Südamerikanische Märchen
Band 1337

Fischer Taschenbuch Verlag

fi 144 / 6a

Die Welt der Märchen

Ursula Mackert (Hg.)
Märchen aus Island
Band 2827

Toschio Ozawa (Hg.)
Japanische Märchen
Band 1469

Dieter Richter (Hg.)
Das Land, wo man nicht stirbt
Märchen vom Leben und vom Tod
Band 5247

Franz Rottensteiner (Hg.)
Das große Buch der Märchen, Sagen und Gespenster
Band 2845

Berndt Schulz (Hg.)
Märchen aus Niedersachsen
Band 2822

Josh van Soer (Hg.)
Niederländische Märchen
Band 2839

Ré Soupault (Hg.)
Französische Märchen
Band 1153

Frieder Stöckle (Hg.)
Handwerkermärchen
Band 2866

Alexej Tolstoi
Märchen aus Rußland
Band 1631

Adelheid Uzunoglu-Ocherbauer (Hg.)
Türkische Märchen
Band 2840

Paul Zech (Hg.)
Die grüne Flöte vom Rio Beni
Indianische Liebesgeschichten. Band 2844

Jack Zipes (Hg.)
Die Libelle und die Seerose
Naturmärchen von Carl Ewald
Band 2851

Fischer Taschenbuch Verlag

fi 144 / 4b

Sigrid Früh

Das Zauberpferd
Märchen aus Siebenbürgen und den Karpaten
Herausgegeben von Sigrid Früh
Band 2856

Die rumänischen Märchen – Märchen aus Siebenbürgen, der Walachei, dem Banat – sind bekannt für ihre Metaphern, ihren ursprünglichen, trockenen Humor. Sigrid Früh hat die authentischen Texte der bekannten Märchensammler Josef Haltrich, Peter Isperescu und der Brüder Schott vom zeitgebundenen Ballast, von sprachlichen Ungenauigkeiten des 19. Jahrhunderts befreit.

Die Frau, die auszog ihren Mann zu erlösen
Europäische Frauenmärchen
Herausgegeben von Sigrid Früh
Band 2858

Mit dieser Sammlung räumt Sigrid Früh gründlich auf mit dem Vorurteil, daß in den Märchen überwiegend schwache und blasse Frauengestalten zu finden sind, die nur darauf warten, von einem Mann wachgeküßt und geheiratet zu werden. Vielmehr werden hier in fünf Kapiteln Märchen vorgestellt, in denen die Frau »auszieht, um ihren Mann zu erlösen«.

Märchen von Hexen und Weisen Frauen
Herausgegeben von Sigrid Früh
Band 2868

Sigrid Früh erläutert die Tradition des Hexenbildes, schildert dessen Wandel und zeigt, wie es zum Verfall des Ansehens solcher außergewöhnlicher Frauen bis hin zum Bild der bösen, verdammenswerten und häßlichen Hexe in den Märchen unserer Zeit kam.

Erich Ackermann

Herausgegeben von
Erich Ackermann
Band 2864

Das so häufig als das dunkle Jahrhundert abgewertete Mittelalter hat eine Unzahl von Märchen hervorgebracht, die die Vielschichtigkeit jener Zeit widerspiegeln. Der Leser wird erkennen, daß das Mittelalter, das einerseits die Zeit der gotischen Münster, auf der anderen aber auch das der prunkvollen und ausschweifenden Feste ist, die Welt des Märchens schlechthin darstellt.

Herausgegeben und bearbeitet
von Erich Ackermann
Band 2835

Das hellenische Volk besaß trotz seines Drangs nach logischer Wahrheit eine ausgeprägte Fabulierlust. Dieser Band vereint: Erotische Liebesmärchen von Ovid, Reise- und Lügenmärchen aus den Alexanderzügen, Tiermärchen, Zaubermärchen, Schiffermärchen aus der Odyssee und Gespenstermärchen, die vom römischen Irrationalismus geprägt sind.

Fischer Taschenbuch Verlag

fi 525/1

Schöpfungsmythen Märchen, Lieder und Visionen der Indianer

Gesammelt und herausgegeben
von Frederik Hetmann

Band 2806

Band 2824

Band 1110

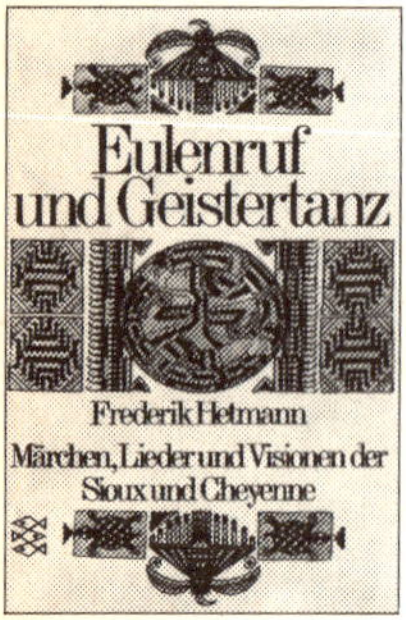

Band 2836

Band 2848

Band 2867

Fischer Taschenbuch Verlag

fi 160/1

Nixen und Wasserfrauen in Gestalt des seltsam-reizvollen, ewig-jungen Fisch-Schlangen-Weibes haben zu allen Zeiten Volksglauben und -phantasie beschäftigt. Schon in der Antike erscheint die Nixe als verführerische Sirene oder als Göttin Aphrodite. Aus Frankreich stammen die Märchen von der schönen Melusine, die sich, wie alle Nixen und Wassergeister, immer vergeblich, nach einer menschlichen Seele sehnt.
In der ausführlichen Einleitung, die mit zahlreichen Abbildungen aus der Darstellenden Kunst illustriert ist, beschreibt Barbara Stamer diese Märchengestalten, von ihren mythologischen Ursprüngen bis hin zu Eduard Mörikes »schöner Lau«.

Fischer

Originalausgabe

ISB N 3-596-22873-5